长江文明之旅

山高水长篇

/科技部推荐优秀科普图书/

京杭运河

总顾问 冯天瑜 钮新强
总主编 刘玉堂 王玉德

周家华 编著

上海科学技术文献出版社
Shanghai Scientific and Technological Literature Press
长江出版社
CHANGJIANG PRESS

长江文明馆献辞
（代序一）

冯天瑜

无边落木萧萧下，
不尽长江滚滚来。
——杜甫《登高》

江河提供人类生活及生产不可或缺的淡水，并造就深入陆地的水路交通线，江河流域得以成为人类文明的发祥地、现代文明繁衍畅达的处所。因此，兼收自然地理、经济地理、人文地理旨趣的流域文明研究经久不衰。尼罗河、幼发拉底—底格里斯河、印度河、恒河、莱茵河、多瑙河、伏尔加河、亚马孙河、密西西比河、黄河、珠江等河流文明，竞相引起世人关注，而作为中国“母亲河”之一的长江，更以丰饶的自然秉赋、悠远深邃的文化积淀、广阔无垠的发展前景，理所当然成为江河文明研究的翘楚。历史呼唤、现实诉求，长江文明馆应运而生。她以“长江之歌 文明之旅”为主题，以水孕育人类、人类创造文明、文明融于生态为主线，紧紧围绕“走进长江”、“感知文明”和“最长江”三大核心板块，利用现代多媒体等手段，全方位展现长江流域的旖旎风光、悠久历史和璀璨文明。

干流长度居亚洲第一、世界第三的长江，地处亚热带北沿，人类文明发生线——北纬30°线横贯流域。而此纬线通过的几大人类古文明区（印度河流域、两河流域、尼罗河流域等）因副热带高压控制，多是气候干热的沙漠地带，作为文明发展基石的农业仰赖江河灌溉，故有“埃及是尼罗河赠礼”之说。然而，长江得大自然眷顾，亚洲大陆中部崛起的青藏高原和横断山脉阻挡来自太平洋季风的水汽，凝集为巫山云雨，致使这里水热资源丰富，最适宜人类生存发展，是中国乃至世界自然禀赋优越、经济文化潜能巨大的地域。

长江流域的优胜处可归结为“水”—“通”—“中”三字。

一、淡水富集

长江干流、支流纵横，水量充沛，湖泊星罗棋布，湿地广大，是地球上少有的亚热带淡水富集区，其流域蕴蓄着中国35%的淡水资源、48%的可开发水电资源。如果说石油是20世纪列国依靠的战略物资，那么，21世纪随着核能及非矿物能源（水能、风能、太阳能等）的广为开发，石油的重要性呈缓降之势，而淡水作为关乎生命存亡而又不可替代的资源，其地位进一步提升。当下的共识是：水与空气并列，是人类须臾不可缺的“第一资源”。长江的淡水优势，自古已然，于今为烈，仅以南水北调工程为例，即可见长江之水的战略意义。保护水生态、利用水资源、做好水文章，乃长江文明的一个绝大题目。

二、水运通衢

在水陆空三种运输系统中，水运成本最为低廉且载量巨大。而长江的水运交通发达，其干支流通航里程达6.5万千米，占全国内河通航里程的52.5%，是连接中国东中西部的“黄金水道”，其干线航道年货运量已逾十亿吨，超过以水运发达著称的莱茵河和密西西比河，稳居世界第一位。长江中游的武汉古称“九省通衢”，即是依凭横贯东西的长江干流和南来之湖湘、北来之汉水、东来之鄱赣造就的航运网，成为川、黔、陕、豫、鄂、湘、赣、皖、苏等省份的物流中心，当代更雄风振起，营造水陆空几纵几横交通枢纽和现代信息汇集区。

三、文明中心

如果说中国的自然地理中心在黄河上中游，那么经济地理、人口地理中心则在长江流域。以武汉为圆心、1000千米为半径画一圆圈，中国主要大都会及经济文化繁荣区皆在圆周近侧。居中可南北呼应、东西贯通、引领全局，近年遂有“长江经济带”发展战略的应运而兴。长江经济带覆盖中国11个省（市），包括长三角的江浙沪3省（市）、中部4省和西南4省（市）。11省（市）GDP总量超过全国的4成，且发展后劲不

可限量。

回望古史，黄河流域对中华文明的早期发育居功至伟，而长江流域依凭巨大潜力，自晚周疾起直追，巴蜀文化、荆楚文化、吴越文化与北方之齐鲁文化、三晋文化、秦羌文化并耀千秋。龙凤齐舞、国风—离骚对称、孔孟—老庄竞存，共同构建二元耦合的中华文化。中唐以降，经济文化重心南移，长江迎来领跑千年的辉煌。近代以来，面对“数千年未有之大变局”，长江担当起中国工业文明的先导、改革开放的先锋。未来学家列举“21世纪全球十大超级城市”，依次为：印度班加罗尔、中国武汉、土耳其伊斯坦布尔、中国上海、泰国曼谷、美国丹佛、美国亚特兰大、墨西哥昆坎—图卢姆、西班牙马德里、加拿大温哥华。在可预期的全球十大超级城市中，竟有两个（武汉与上海）位于长江流域，足见长江文明世界地位之崇高、发展前景之远大。

为着了解这一切，我们步入长江文明馆，这里昭示——

一道天造地设的巨流，怎样在东亚大陆绘制兼具壮美柔美的自然风貌；

一群勤勉聪慧的先民，怎样筚路蓝缕，以启山林，开创丰厚优雅的人文历史。

（作者系长江文明馆名誉馆长、武汉大学人文社科资深教授）

一馆览长江 水利写文明
（代序二）

钮新强

“你从雪山走来，春潮是你的风采；你向东海奔去，惊涛是你的气概……”一首《长江之歌》响彻华夏，唱出中华儿女赞美长江、依恋长江的深厚情感。

深厚的情感根植于对长江的热爱。翻阅长江，她横贯神州6300千米，蕴藏了全国1/3的水资源、3/5的水能资源，流域人口和生产总值均超过全国的40%；她冬寒夏热，四季分明，沿神奇的北纬30º延伸，形成了巨大的动植物基因库，蕴育了发达的农业，鱼儿欢腾粮满仓的盛景处处可现；她有上海、武汉、重庆、成都等国之重镇，现代人类文明聚集地如颗颗明珠撒于长江之滨；她有神奇九寨、长江三峡、神农架等旅游胜地，多少享誉世界的瑰丽美景纳入其中；她令李白、范仲淹、苏轼等无数文人墨客浮想联翩，写下无数赞美的词赋，留下千古诗情。

长江两岸中华儿女繁衍生息几千年，勤劳、勇敢、智慧，用双手创造了令世人瞩目的巴蜀文明、楚文明及吴越文明。这些文明如浩浩荡荡的长江之水，生生不息，成为中华文明重要组成部分。

人类认识和开发利用长江的历史，就是一部兴利除弊的发展史，也是长江文明得以丰富与传承的重要基石。据史料记载，自汉代到清代的2100年间，长江平均不到十年就有一次洪水大泛滥，历代的兴衰同水的涨落息息相关。治国先必治水，成为先祖留给我们的古训。

为抵御岷江洪患，李冰父子筑都江堰，工程与自然的和谐统一，成就了千年不朽，成都平原从此“水旱从人、不知饥馑”,天府之国人人神往。

一条京杭大运河，让两岸世世代代的子孙受惠千年。今天，部分河段化身为南水北调东线调水的主要通道，再添新活力，大运河成为连接古今的南北大命脉。

新中国成立以后，百废待兴，党和政府把治水作为治国之大计，长江的治理开发迎来崭新的时代。万里长江，险在荆江。1953年完建的荆江分洪工程三次开闸分洪，抗击1954年大洪水，确保了荆江大堤及两岸人民安全。面对’54洪魔带来的巨大创伤，长江水利人开启长江流域综合规划，与时俱进，历经3轮大编绘，使之成为指导长江治理开发的纲领性文件。

“南方水多，北方水少，能不能从南方借点水给北方？”毛泽东半个多世纪前的伟大构想，是一个多么漫长的期盼与等待呀。南水北调的蓝图，在几代长江水利人无悔选择、默默坚守、创新创造中终于梦想成真，清澈甘甜的长江水在“人造天河”里欢悦北去，源源不断地流向广袤、干涡的华北平原，流向首都北京，流向无数北方人的灵魂里。

新中国成立以来，从长江水利人手中，长江流域诞生了新中国第一座大型水利工程——丹江口水利枢纽工程、万里长江第一坝——葛洲坝工程、世界最大的水利枢纽——三峡工程。与此同时，沉睡万年的大小江河也被一条条唤醒，以清江水布垭、隔河岩等为代表的水利工程星罗棋布，嵌珠镶玉。这是多么艰巨而充满挑战、闪烁智慧的治水历程!也只有在这条巨川之上，才能演绎出如此壮阔的治水奇观，孕育出如此辉煌的水利文明，为古老的长江文明注入新的动力!

当前，长江经济带战略、京津冀协同发展战略及一带一路建设正加推提速，长江因其特殊的地理位置与优质的资源禀赋与三大战略（建设）息息相关，长江流域能否健康发展关系着三大战略（建设）的成败。因此，长江承载的不仅是流域内的百姓富强梦，更是中华民族的伟大复兴梦。长江无愧于中华民族母亲河的称号，她的未来价值无限，魅力永恒。

武汉把长江文明馆落户于第十届园博会园区的核心区，塑造成为园博会的文化制高点和园博园的精神内核，这寄托着武汉对长江的无比敬重与无限珍爱。可以想象，长江文明馆开放之时，来自五湖四海的人们定将发出无比的惊叹：一座长江文明馆，半部中国文明史。

（作者系长江文明馆名誉馆长，中国工程院院士、长江勘测规划设计研究院院长）

目 录

概　述

京杭运河见证了中华文明的演进历程，它为中国经济发展、国家统一、民族融合、社会进步和文化繁荣做出了重大贡献。

中国西高东低的地势条件，形成了多数江河东西走向的地理特点。当天然的黄河、长江一泻千里，从西向东滚滚流淌时，一条开天辟地的人工运河却独辟蹊径，纵贯中国南北，沟通海河、黄河、淮河、长江、钱塘江五大水系。这条始凿于春秋，完成于隋代，畅通于唐宋，取直于元代，繁荣于明清，衰败于晚清，复兴于当代的水道，就是世界上通航里程最长的京杭运河。

2014年6月22日，在卡塔尔首都多哈召开的第38届世界遗产大会上，中国大运河成功入选世界文化遗产名录，成为中国第46个世界遗产项目。“运河九年申遗，今天梦圆多哈”——这是国内外多家主流媒体的标题。专家称，不同于古建筑、古遗址的申遗，京杭运河是仍在使用的“活态线性文化遗产”，对这类项目申请世界文化遗产，在中国尚属首次。

京杭运河成功申遗体现了它在中华文明进程中的历史地位和历史贡献。

在陆路交通极不发达的时代，一个地方文明与文化的形成与传播，多半与江河有关。水是文明的孕育地，也是文化的传播者。当水流贯通，河网沟通，航运畅通时，文明传播、文化融通也就在情理之中了。

贯通五大水系的京杭运河，见证了中华文明的演进历程，凝聚了中国政治、经济、军事、文化、社会诸多领域的庞大信息，记录了2000多年来它为中国经济发展、国家统一、民族融合、社会进步和文化繁荣做出的重大贡献。

经历沧海桑田　见证王朝兴衰

春秋战国时期，开凿运河是为了在政治上加强控制，在军事上进行战争物资运输。公元前486年，吴国为北征齐国开凿邗沟，方便了兵马粮草的运输。邗沟第一次沟通了长江和淮河，加强了与中原的联系，并为以后的京杭运河奠定了基础。

公元605年，隋统一中国，结束了东汉以来四百年的分裂局面。隋炀帝将都城由长安（今西安）迁至洛阳，开挖了通济渠和永济渠，北通涿郡，南至江淮，加上原有的邗沟和江南运河，贯通南北的大运河终于大功靠成。

江南漕船从江南运河的京口(今镇江）渡长江，再顺淮河北上，进而转入通济渠，再逆黄河、渭河向上，最后抵达京城，全国性运河网络由此形成。沿线的杭州、镇江、扬州、淮安等城市先后发展起来。地处大江南北交通要冲的扬州，水运便利，商贾云集，百货充斥，工商业极为发达，成为江淮的财赋中心，谓之“雄富冠天下”，繁荣超成都，以致当时有“扬一益二”之说。

唐朝受益于隋代大运河，漕运为唐王朝的繁荣做出了极大的贡献。从兴元元年（公元784年）打通汴河水路至唐末农民起义前的一百多年中，运河一直畅通，江南财赋通过运河转运长安，支撑唐王朝一个世纪之久。

北宋王朝定都汴梁（元明两宋时代对今开封的称呼），充分利用、疏浚、治理隋唐留下来的运河，建立了以首都汴梁为中心的三个水运网，促进了王朝经济社会的发展。“清明上河图”就是对这一时期运河漕船往来，两岸商贸繁荣，百姓安居乐业的生动反映。

南宋偏安江南，大运河一些河段成为宋金对峙的“界河”。处于战争状态下的运河或失修、或堙废。最终导致南宋和金国两败俱伤，被蒙古势力所灭。

元朝定都大都（今北京）后，先后开凿了济州、会通、通惠三河，“拉直”了南北大运河。大运河不再绕道洛阳，由“弧”形变成“弦”形，原来以洛阳为中心的隋代横向大运河，改道以北京为中心，南下直达杭州的纵向大运河，实现了南北漕运的直达，南北大运河从此称为京杭大运河。元代以最短的距离，连通了最富庶的江南及东部沿海区域，数百万担漕粮运达北京，江南财富帮助维系了蒙古王朝的大统一，元帝国实现了政治中心和经济中心的大融合。

明、清两代定都北京，沿用元朝大运河的路线。漕运曾经达到鼎盛，“万灶沿河而居”；“渔歌飘渺飞檐外，帆影参差玉浪中”；“秋灯点点淮阴市，楚客联樯宿淮水”；“灯形半临水，筝声多在船”；南北漕运的需求带来了运河的繁荣。

但到清末，清王朝政治腐败，漕政弊坏，又屡遭外国列强欺凌与侵略，加之黄河改道北流，夺淮、夺运，京杭运河逐年淤塞，从此衰落，特别是长江以北运河更是衰败不堪。清光绪二十七年（公元1901年），随着停漕令的颁布，漕运总督及各省粮道等官均被裁撤，漕运停止。至辛亥革命爆发，清王朝覆灭时，京杭运河基本淤废。

新中国成立后，为解决北煤南运，减轻津浦铁路压力，国家多次集中力量整治京杭运河。目前，京杭运河 404 千米苏北河段，即从徐州蔺家坝至扬州六圩口，已全部建成国家二级航道，2000 吨级船舶可昼夜双向通行，从徐州直达长江，成为我国内河航道中仅次于长江的等级最高、渠化程度最好、船闸设施最为完善的河流。从镇江到杭州的 208 千米苏南段运河，达到四级航道标准，有的达到三级。京杭运河为江苏乃至长三角地区经济社会发展注入了新的活力。

传递物质文明　促进文化交融

京杭运河既是古代中国物质文明发展的重要载体，也是文化传播的重要渠道。长江流域的文明和文化形态散播到海河、黄河、淮河和钱塘江流域，五大流域的区域文化因它而相互影响，充分融合，运河成为传承中华文明和繁荣中华文化的桥梁和推手。

京杭运河畔的杨柳青镇，就得益于运河的滋润。繁忙的运河不仅成就了杨柳青镇的经济繁荣，还成就其独树一帜的文化。当年的杨柳青镇，民歌、小说、戏曲等文艺创作方兴未艾，剧院、说书场人头攒动，人们的精神生活丰富多彩。

“千载御河蕴真趣，百代古镇绽丹青”。杨柳青年画是杨柳青古镇的文化名片。运河的畅通，使南方长于雕刻的民间年画艺人和精致的笔墨纸张、水彩原料源源不断地到了杨柳青，这为杨柳青年画注入了新的活力，使这里的绘画艺术得到新的发展。当这些被誉为国之瑰宝的年画通过运河运到各地时，杨柳青镇也就扬名海内外了。

嘉靖二十五年（公元 1546 年）明代著名小说家吴承恩第一次乘船赴京，停泊杨柳青镇时，写下了一首《泊杨柳青》：村旗夸酒莲花白，津鼓开帆杨柳青。壮岁惊心频客路，故乡回首几长亭。春深水暖嘉鱼味，海近风多健鹤翎。谁向高楼横玉笛，落梅愁觉醉中听。诗中描绘了运河张帆的船舶、沿河的民居、傍水的酒肆。清朝蒋诗写有《沽河杂咏》：皇船坞口是渔家，杨柳青青拂岸斜。绝似西湖好风景，二分烟水一分花。

京杭运河孕育的文化多姿多彩。中国国家博物馆里珍藏着两幅反映京杭运河的古画。一幅是北宋徽宗年间张择端绘制的“清明上河图”。它以都城汴梁的汴河（隋代通济渠河段）为背景，通过千姿百态，各不相同的近千个人物和疏密有致的沿河街巷建筑景致，描绘了运河的繁忙，京城的繁华。此图在国内外声名远播，影响深远。

几百年后的清乾隆年间，江南画家江萱也以时称潞河的北运河（京杭运河天津段）繁忙的漕运为背景，创作了一幅描绘运河漕运、商贸及民俗盛况的艺术杰作《潞河督运图》。这一绢本着色的巨幅画卷，比《清明上河图》还长 1.5 米。绘有官船、商船、货船、渔船等各类船只共 64 条，各种人物共计 820 人，河道两岸有码头、衙署、民宅、粮仓等各种建筑。河道上的各种船只有的扬帆离岸，有的落帆停泊码头。拉纤的、卸货的、推小车的，清晰可辨。岸上的通州城内，店铺、银号、酒肆林立，琳琅满目，生动具体，极富生活气息，是当时政治、经济、文化及官民服饰、民生百态、社会风俗习惯的真实写生。

唐宋至元明王朝期间，大运河还是中外文化交流的通道，是海上丝绸之路向大陆的延伸。唐代，日本的遣唐使、高僧等都是沿运河到唐都长安的。唐时日本高僧圆仁、北宋神宗年间日本僧人成寻，都曾沿大运河旅行，留下了《入唐求法巡礼行记》、《参天台五台山记》等珍贵文献，对唐、宋运河有完整、详细的记录。元代马可·波罗曾在运河城市扬州、杭州等地生活与任官。明代朝鲜使者崔溥在《漂海录》中亦有在京杭运河上旅行的记载。

在 2000 多年的历史进程中，京杭运河经历了舳舻蔽水的历史岁月，催生了两岸鳞次栉比的名城古镇，留下了纤夫漕役的声声号子，见证了枕水而居的百姓生活和芸芸众生的世井百态。普通劳动人民在与运河打交道的过程中创造了许多与水运生产相关的艺术。如形形色色或粗犷简朴，或雄劲苍凉的船工号子、纤夫号子、河工号子等。运河船工号子分类很多，有启程的出船号、推船号、起锚号、拉蓬号、撑篙号等；行驶中有摇橹号、拉纤号、扳梢号、扯帆号等；停船时有下锚号、拉绳号等。运河纤夫号子有闯船号子、拉纤号子、粮米号子等。人们在挖河、抬土、筑堤、下桩、打夯时，就唱河工号子。

京杭运河沿线城市还遗留下大量类型多样的城址、衙署、驿站、钞关、仓库、寺庙、商铺、桥梁等和地下古墓、沉船、关闸、石坝等丰富文化遗存，其时间、空间跨度之大，文物古迹遗存之多，世所罕见。

国家文物局中国文物研究所提供的资料显示，在2012年11月国家文物局列入的《中国世界文化遗产预备名单》中，既有河道、码头、船闸等水利设施，还有古镇、古街、粮仓、会馆、驿站和名人故居，它们成为沿线城市文化历史宝库中不可或缺的组成部分。有着2000多年历史的文化古城苏州，就是一座河道纵横的水城，至今仍然保留着“河街相邻、水陆并行”的双棋盘格局和“三纵三横一环”的河道水系。城区古运河两岸，历史文化遗存众多。如盘门、吴门桥、宝带桥、三里桥、觅渡桥、横塘驿亭、越城遗址、浒关、昌阁等诸多文物古迹。

全国政协文史和学习委员会副主任刘枫说，大运河以其深厚的历史文化内涵，被誉为“古代文化长廊”、“古代科技库”、“名胜博物馆”、“民俗陈列室”，其历史遗存是研究中国古代政治、经济、文化、社会等方面的绝好实物资料，是中国悠久历史文明的最好见证。站在保护人类文明的高度看，京杭运河在中国是独一无二的，对人类历史发展的作用也为世界所公认。它不仅是中国的财富，也是全世界、全人类共同的财富。

千年流韵，万古流芳。京杭运河是中华民族因水兴利的智慧结晶，凝聚着古代劳动人民的聪明智慧和心血汗水，是中华民族不负大自然厚爱而创造的艺术杰作和人间奇迹。正如生态学会城市生态学专业委员会秘书长李迪华所说：“大运河是中华大地上一张文明和智慧织就的网，而不是任何意义上的一条河。”

运河申遗　梦圆多哈

2014年6月22日，在卡塔尔首都多哈召开的第38届世界遗产大会宣布：中国大运河项目入选世界文化遗产名录，成为中国第46个世界遗产项目。专家称，不同于古建筑、古遗址的申遗，京杭运河是仍在使用的“活态线性文化遗产”，对这类项目申请世界文化遗产，在中国尚属首次。

三老拉开申遗序幕

2005年底，大运河两岸的北京、天津、河北、山东、江苏、浙江等6个省（直辖市）18个城市的市长都收到了一封信。

这封信是关于加快京杭运河遗产保护和“申遗”工作的。

信中写道：“各位尊敬的市长，在纪念《保护世界文化与自然遗产公约》20周年及2006年新年到来之际，我们三位年老的城市规划与建筑，文物古建筑保护和工艺美术工作者，怀着急迫的心情，联名致信给你，呼吁用创新的思路，加快大运河在申报物质文化和非物质文化两大遗产领域的工作。

“文化是一个国家综合国力的象征。以我们多年的经验来看，京杭大运河可是个无价之宝呀！沿岸的文化与自然遗产内容令人目不暇接。如果再加上还未被发掘的非物质文化遗产，那就更令人兴奋。如果将京杭大运河的历史价值、文化内涵和对中国历史发展的贡献相加，可以毫不夸张地说，足以与长城媲美。

“……中国已有三十一个项目名列世界文化和自然遗产名录，并有三项口述和非物质遗产列入了名录。这是国家的大好事，是民族的盛事，我们的后代将会感谢和铭记所有为此作出贡献的人。”

「黄金水道京杭运河」

这三位老人就是被国人称为“运河三老”的古建筑专家郑孝燮、古文物专家罗哲文、中国工艺美术大师朱炳仁。这一年，他们的年龄分别是90岁、81岁和61岁。

「“运河三老”中的郑孝燮和罗哲文两位老人」

郑孝燮先生曾参与过平遥古城、卢沟桥的保护。长城的发掘和修复则跟罗哲文老人密切相关。朱炳仁是杭州人，曾不遗余力多次考察运河沿线的情况，并翻阅史册、档案等文献材料，提出了很多保护运河的独特方案，其中“零保护”和“品质保护”受到专家们的极大认同。

这封对京杭运河满怀深情、言辞恳切的信，引起了全国媒体及社会的轰动，也由此拉开了京杭运河保护与申遗的序幕。

郑孝燮先生深情地说：“千百年来我们都受益于这条河，我们有责任保护好它，为了这个目标，我们几个老人愿作大运河上的一个纤夫。”

2006年5月13日，由全国政协组织的京杭大运河保护与申遗考察活动在北京举行启动仪式。5月27日，由70余个全国政协委员组成的考察团，对运河沿线的北京、天津、河北、山东、江苏、浙江等6省（直辖市）进行了广泛深入的调查研究，为大运河的保护与申遗收集科学依据。这次考察活动历时14天，行程近2000千米，是大运河历史上一次规模较大、层次较高的全程考察。

2006年12月，国家文物局公布了重设的《中国世界文化遗产预备名单》，京杭运河列在首位。2008年，京杭运河“申遗”事项经过有关专家建议和论证后，将通往河南洛阳的隋唐大运河通济渠北段和永济渠南段整合在内，“京杭大运河申遗”因此更名为“中国大

「夕阳下的京杭运河」

运河申遗”。以“京杭大运河”为域名的网站在2006年8月由“运河三老”共同创建。作为大运河唯一的专业性网站，它记录着运河的历史和变迁，也见证了运河申遗的进程。

“运河三老”的公开信振聋发聩，它使京杭运河沿线城市意识到身边这条河流的价值和申遗的意义。

35城追求一个目标

中国大运河的申遗，从民间呼吁变成政府的行为后，由国家文化部、文物局牵头，成立了有13个部委和大运河沿线8个省（直辖市）共同组成的大运河保护和申遗会商小组，并由运河沿线8省（直辖市）35个城市联合申报，这是中国首个由国家层面组织的联合申遗项目，也是中国迄今为止，涉及部门和牵涉地区最多的、也是最复杂的申遗工程。

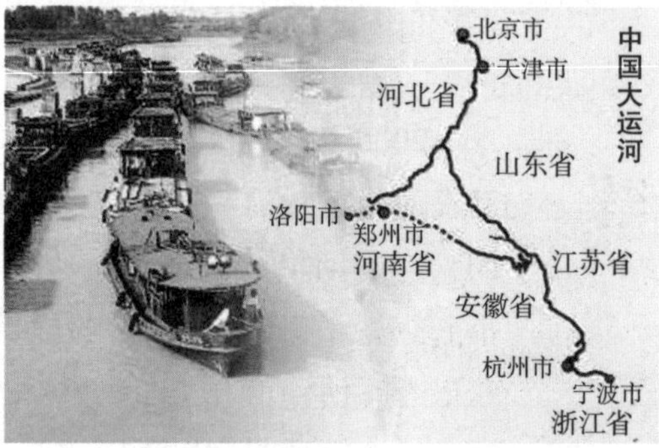

「京杭运河沿线城市示意图」

2006年5月22日，大运河保护与申遗研讨会在杭州召开。出席的专家学者和官员，认为保护好京杭大运河，对于传承人类文明，促进社会和谐发展，具有极其重大的意义。

《杭州宣言》强调：“随着经济社会的发展，大运河的传统运输功能已经改变，河道、沿河风貌和人民生活都发生了很大变化，当前又面临着城市现代化、农村城镇化建设的严重挑战。如果再不加强保护，大运河的历史文化遗存、风光景物和自然生态环境就会不可避免地遭到破坏，真实性和完整性就会不复存在，这将是中华民族不可挽回的巨大损失。对大运河进行抢救性保护、实现可持续发展已经到了紧要关头”。

「杭州中国京杭大运河博物馆」

这次研讨会的一个重大成果是通过并发布了《杭州宣言》。

《杭州宣言》呼吁：从国家战略高度，建立统一协调机构，制定大运河保护的法律法规，统筹保护与发展规划。按照《保护世界文化和自然遗产公约》的要求，动员全社会力量，以创新的思路，正确处理自然遗产、文化遗产与非物质文化遗产的关系，正确处理保护、利用与发展的关系，在大运河沿线经济社会发展规划与实施过程中，更加注重大运河的整体风貌，确保沿线文物得到有效保护，合理利用资源，维护生态环境，实现可持续发展，使古老的运河重新焕发青春与活力。

2009 年，首个由国家层面组织的大运河联合申遗项目的正式启动。这一年，由国家文化部、文物局牵头，成立了由 13 个部委和大运河沿线 8 个省（直辖市）共同组成的大运河保护和申遗省部级会商小组，组织开展了大运河遗产资源调查认定、保护规划编制、相关立法调研等各项基础工作。

2 年后的 2011 年 4 月，“大运河保护和申遗工作会议”在扬州召开。会议原则通过了《大运河遗产保护和管理总体规划》和《大运河申报世界文化遗产预备名单》。会议确定，将大运河沿线的北京、天津、河北、山东、河南、安徽、江苏、浙江等 8 个省（直辖市）的 35 个城市的大运河遗产整体申报世界遗产。4 月 12 日，首批大运河 132 个遗产点和 43 段河道列入“申遗”预备名单，并对外公布。其中 65 个遗产点和 31 段河道，能够代表运河文物价值，符合世界遗产标准。其保护管理状况也符合“申遗”条件，被列入“立即申遗项目”，这是大运河首批“申遗”的基础名单。其他虽然具备文物价值，但保护与管理还存在一定差距的，则列入“后续申遗项目”。

扬州会议确定了“申遗”的时间表：2012 年 9 月，完成“申遗”文本，提交预审；2013 年 1 月向联合国教科文组织世界遗产中心正式提交

《中国大运河申报世界遗产文本》；2013 年 8 月前完成所有遗产点段准备工作，并接受国际专家的现场评估。

扬州会议标志着，始于 2009 年的大运河“申遗”的启动与准备阶段基本结束，正式进入“提速”的第二阶段，并为第三阶段的最终申报打下了扎实基础。

2012 年 9 月 26 日，2012 中国扬州世界运河名城博览会暨第 25 届世界运河大会开幕。来自大运河沿线的 8 省 35 个城市，在扬州共同签署了《大运河遗产联合保护协定》，承诺共同协作，联合保护运河遗产。协定共 18 条，从签署之日起生效。今后，大运河遗产保护坚持真实性、完整性、延续性的原则，实行统一规划、分级负责、分段管理。对已调查登记的属于大运河遗产的不可移动文物，要依法予以认定，并根据遗产所具有的历史、艺术、科学价值，报请同级人民政府核定公布为文物保护单位。

至此，由“运河三老”拉开的大运河申遗序幕，已经完全打开。

九年申遗　一锤定音

早在 20 世纪 80 年代，当中国申报长城等第一批世界遗产时，就有专家提出了“大运河申遗”的建议。但当时普遍的观点认为“文物是固定的，运河是流动的”。而且大运河一些河段已经干涸、部分河段污染较重、一些河道已经改变，因此认为大运河不适合申报世界遗产。运河申遗之事就此搁置。

「 世界文化遗产中国万里长城 」

1987 年，八达岭作为中国万里长城的代表，被联合国列入世界文化遗产名录并接受“世界文化遗产证书”，可同为中华文化名片的京杭运河却受到冷落，毫无影响。

从 1994 年法国米迪运河被列入《世界遗产名录》，世界遗产项目中第一次出现运河遗产，到2005年底，“运河三老”给运河沿线6个省（直辖市）18个城市市长写信，呼吁运河申遗，时间已过去了11年。

2010年4月9日，在中国与加拿大建交40周年之际，两国在北京签订了合作备忘录，将2007年入选世界文化遗产的渥太华里多运河与同属世界文化遗产的北京八达岭长城结成友好景区，双方将在世界文化遗产框架内进行广泛交流，以促进双方在旅游、文化遗产保护等领域的合作与交流，并进一步推动北京与渥太华两个友好城市的自然与人文交流——这是中加两国世界文化遗产景区首次缔结友好合作关系。

如果与里多运河结成友好景区的是京杭运河，同为流动的、活着的世界遗产，那将更完美，更有意义——这是京杭运河的遗憾，更是人类文化遗产的遗憾。

由于申遗起步太晚，大运河遗产的保护和管理长期缺失，这使得中国大运河在2014年进入世界遗产名录的目标充满未知数，申遗难度前所未有。协调、处理的妥当与否，会长远地影响大运河的命运。

从国家层面来说，大运河并没有一个统一的管理机构，而是分散在水利部、建设部、交通部、国土部、文物局等多个部门；从地方层面来看，运河基本上是由各地相对应的职能部门管理。因此，运河处于一种各管各的散乱状态，缺乏保护的整体性和统一规划，整体名义上的大运河，实际上成为各地各段各自为政的“小运河”。

虽然中国大运河拥有丰富多样的遗产形式，但对大运河主干河道和沿线文物古迹的家底调查并不是十分清楚，这成为申遗存在的首要问题。

中国生态学会城市生态学专业委员会秘书长李迪华呼吁，“基础研究中，系统整理大运河的遗产是核心工作，迫切需要完成的是各种清单，包括涉及大运河方方面面的遗产清单，不仅要列出名称，还要搞清楚它们的存在状态。”

扬州市文物局局长顾风是国家文物局跨省协调机构大运河联合申遗办

公室主任，他到过运河不少城市考察申遗工作。他说，无论是从普世价值、独特性，还是从影响力来看，大运河申遗都称得上是理直气壮。但具体落实到遗产点，还有大量的工作要做。他认为大运河申遗还存在着南北地区的差异。有些省的大运河段已经废弃，很多水工遗迹埋在地下。要在有限的时间内高效地完成核心价值的研究，对从事申遗工作的人员都是“一场大考”。

以建设和发展的名义造成的破坏性开发，使得大运河的真实性在城市化和现代化的进程中不断丧失，这也成为大运河保护和申遗的一个难题。

第二个五年计划期间，在大跃进、加快发展交通运输的历史背景下，国家大运河建设委员会于1958年5月16日成立。委员会提出重开大运河，在1960年实现全线通航，并制定了具体建设方针和整治规划。据说规划完成后，人们可以乘2000吨的大江轮，从杭州穿越五大水系直达北京。由于不切实际，这一“宏伟蓝图”并没有实现。尽管部分河段得到了整治，但也给大运河造成了巨大的破坏。

随着黄河以北运河的断流、停航和废弃，昔日沿岸的会馆、码头、街市，有的荡然无存，有的人去楼空。在城市化的进程中，运河两岸有的地方建起了水泥墙，有的搞起房地产，有的造了一些假古董，原始的运河风光成为记忆。

大运河现状客观上存在的南北差异，造成了大运河申遗和保护的“南热北冷”。由于各方视角、职责的差异，大运河的保护管理面临着复杂的情况。这使得全线申遗工作进展不一，整体发展不平衡。

大运河涉及沿线35个城市，各地各市的经济实力不一样，管理、保护水平优劣不一，观念、思路也不会一样。所以，中国国家文物局副局长童明康强调，要想申遗成功，沿线各城市需进一步紧密配合。

虽然中国大运河申遗时间可能很长，过程可能曲折，但申遗本身，却唤醒了人们对运河的重视，提高了人们保护运河的意识，而且这种意识还在不断增强。

2012年3月30日，国际古迹遗址理事会副主席郭旃在扬州参加大运河保护和申遗工作会议时说，通过申遗，使我们对遗产在人类文明史当中的认识、尊重和保护上了一个层次。加强遗产保护的普遍意义，是一种大环境保护理念。历史环境对人们的熏陶和养育，对全世界也是一个贡献。让全世界来借鉴、来欣赏，这方面的积极意义应该是很突出的。

浙江省第七、八届政协主席刘枫说：如果不启动像申遗这样重大的、为各地重视的保护工作，大运河的历史文化、遗迹和自然风光等，将不可避免地退化并迅速消亡，这将是中华民族不可挽回的巨大损失。

“运河三老”之一的朱炳仁提出，“必须有一个不同寻常的保护思路，也就是在保护的同时，把发展放在非常重要的地位。不但要保护好老祖宗留下的珍贵遗产，而且更要为后代留下我们这一代创造的传世瑰宝。实际上，大运河的保护与发展规划，本身就可称的上是一次‘新文物运动’。”

在这一共识的指导下，中国大运河遗产保护基础工作日益扎实，运河申遗的本体及环境质量明显改观，保护运河的社会氛围日益浓厚。特别是沿线城市把城区运河的保护、申遗与改造沿河环境、提供市民休闲与文化氛围结合起来，快速有效地推进了各项工作，成效明显。通过申遗，保护、管理大运河，是为了延续运河文脉，传承运河文明，造福子孙后代——这一共识是中国大运河申遗的最大收获。

「中国大运河入选世界文化遗产名录」

2014年6月22日，卡塔尔首都多哈召开的第38届世界遗产大会一锤定音：中国大运河项目入选世界文化遗产名录。经过9年的努力，运河申遗终于水到渠成，瓜熟蒂落。

| 运河历史　饱经沧桑 |

《新元史·河渠志》载："元之运河，自通州至京师为通惠河，自通州至直沽（今天津）为白河，自临清至直沽为御河，自东昌须城县至临清为会通河，自三汊口达会通河为扬州运河，自镇江至常州吕城堰为镇江运河，南逾江淮，北至京师，为振古所无云。"

随着历代统治者首都的改变和黄河的改道，大运河河道曾数度变迁。在长达1779年的持续开凿中，经历了三次较大规模的兴修。

凿于春秋形成于隋

公元前486年，图霸中原的吴王夫差决定开凿一条运河，沟通长江与淮河，进而连通黄淮，使之形成横纵相连的水道，从而进一步用兵北方，剑指齐国等北方诸侯各国。

这条水道的路线，大致是南引长江水，从今扬州西南角的观音山旁，绕至铁佛寺稍南的城东南角，经螺丝湾、黄金坝北上，穿过今高邮南30里的武广湖（后名武安湖）与陆阳湖（又名渌洋湖）之间，进入距今高邮西北50里的樊良湖（即汜光湖）；再向东北入今宝应县东南60里的博芝湖（即广洋湖）、宝应东北60里的射阳湖，出湖西北至山阳（今淮安楚州）以北的末口，汇入淮河。

「大运河之源扬州」

因为运河经过邗城（今扬州），故称邗沟。

春秋时扬州地区称“邗”。邗国为周代的方国之一，后被吴国所灭。城西瘦西湖，原名炮山河，亦称保障河，虽然现在它只是扬州城内的一个湖泊，但古代却是引长江之水通淮河的一条水道，是邗沟的发源地。当年，从蜀冈下绕城而过的邗沟，充分利用了自然湖泊，路线曲折迂回，从南到北，长约400余里。

邗沟第一次沟通了长江和淮河，加强了与中原的联系，并为以后的京杭运河奠定了基础。

邗沟开凿后，经历代王朝的治理，在不断变化中得到扩展和优化。

东汉建安二年至五年（公元196—199年），鉴于邗沟舍近求远，曲折迂回，广陵太守陈登对邗沟进行了改道和疏通，拉直了原樊良湖至末口的

「淮扬运河上的大型船闸」

弯曲水道。他从樊良湖穿渠至津湖（今宝应县南），再从津湖凿渠至白马湖（即马濑，今宝应县西），至山阳末口入淮，从而大大便利了船舶航行。人们习惯于把这条河道称作“邗沟西道”，将原河称“邗沟东道”。史书将这一工程，即淮阴到扬州这段运河称作淮扬运河，史称“陈登穿沟”。

邗沟西道从樊良湖到津湖路线基本上是天然湖泊，由于水面开阔，风大浪高，直接威胁船舶航行安全。永兴（公元304—305年）初，为了避开津湖风浪之险，西晋王朝在樊良湖的东侧，凿了一条人工水道，直通津湖（界首湖）。接着又在津湖的东南口，沿津湖东岸开凿了一条长20里的人工河道，邗沟西道中段的航行条件明显得到改善。

到东晋时，长江南移，江都（今扬州）城南沙洲淤涨，邗沟至长江的出口被淤堵。东晋永和年间（公元345—356年），朝廷改修邗沟南段，从上游开凿支河，使其与长江连通。即从今仪征境内的欧阳埭引长江水，向东行至今三汊河、扬子桥，北上扬州。这条长达60里的新河，就是今仪扬运河的前身。

公元589年，隋文帝杨坚统一中国，结束了自西晋末年以来长达几百年的割据状态，实现了自秦汉以来中国的又一次统一。他定都大兴（今西安），开创了辉煌的“开皇之治”。

隋开皇四年（公元584年），因渭水大小无常，流浅沙深，行船不便，常阻塞漕运，隋文帝命宇文恺率领水工另开漕渠。宇文恺从大兴城西北引渭水，循着汉代漕渠故道向东，至潼关入黄河，长300多里。自此，漕运通

「陕西咸阳渭河旅游码头」

利，关中赖之，名广通渠。此为隋代修建大运河之始。

公元587年4月，杨坚为统一天下，任次子杨广为帅，统兵攻打陈国。为方便水师南下平陈，杨广首先疏浚了古邗沟，开凿了北起山阳（今江苏淮安），南至扬州城南入江的山阳渎。山阳渎开凿后，邗沟南端从扬子（今扬州城南扬子桥附近）入长江。

「古都洛阳夜景」

公元605年，隋炀帝杨广将都城从大兴（今西安）迁至洛阳。为方便江南物资运到北方，他征发河南、淮北诸郡百余万人，开挖了从洛阳至山阳的通济渠，亦称汴渠、南汴。通济渠自洛阳城西引谷水、洛水入黄河，再自板渚（为板城渚口的简称，在今河南荥阳汜水镇东北黄河侧）引黄河入汴河，经今河南开封东南入淮河。因通济渠引汴水在泗州入淮，故入淮处又称汴河口。

在开通济渠的同时，杨广“又发淮南民十余万开邗沟，自山阳至扬子入江。渠广四十步，渠旁皆筑御道，树以柳”，这是对旧有邗沟（山阳渎）的又一次大规模扩建。

通济渠的开凿和邗沟的扩建，连接了淮河和长江，便利了从洛阳到江南的水路交通。

「扬州古运河上的御码头」

其中山阳和泗州河段是利用淮河连接的。泗州以下，特别是洪泽湖水域，淮水宽阔。白居易有诗：“淮水东南阔，无风渡亦难。……春浪棹声急，夕阳帆影残”；皇甫端题《洪泽馆》诗：“底事洪泽壁，空留黄绢词。年年淮水上，行客不胜悲。”船舶航行在这一带十分艰难和危险，尤其是在山阳湾段，由于泗水的汇入，水流甚为迅急，是船舶往来的畏途险境。

「扬州古运河上的御码头石碑」

就沟通江淮运河整个工程来说，隋文帝和隋炀帝时期的治理，基本上都是循邗沟故道。所以，通济渠凿成之日，也是邗沟修毕之时。当年，隋炀帝就是乘坐龙舟，通过新扩建的邗沟巡游到扬州的。

隋炀帝在完成通济渠、江淮运河之后，又在洛阳的黄河北岸，开通一条到涿郡（今北京）的运河，即永济渠。隋大业四年（公元 608 年），他“诏发河北诸郡男女百余万，开永济渠，引沁水南达于河，北通涿郡”（《隋书·炀帝纪》）。永济渠分为两段：南段自沁河口向北，经今河南、河北、山东，抵今天津市。北段从天津折向西北，经武清、安次到达涿郡。

之后，隋炀帝又开通了从江南京口（今镇江）到余杭（今杭州）的“江南河”。

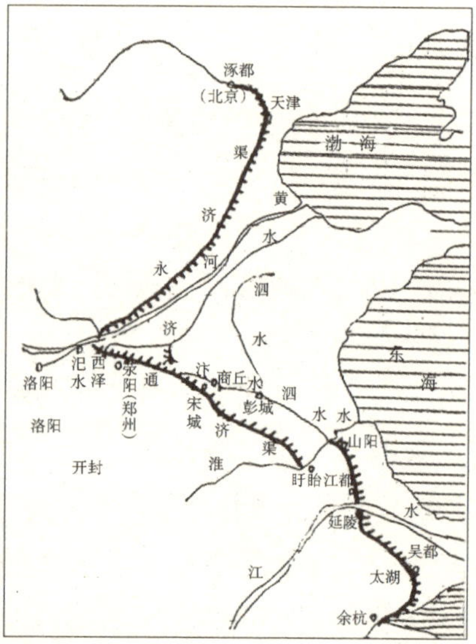

「隋唐大运河示意图」

隋炀帝所开的运河以东都洛阳为中心，北起涿郡，南到余杭，全长两千多千米，由南北两段四条运河构成：南段有通济渠、邗沟、江南运河；北段有永济渠。四条运河连接起来，就成了一条贯通南北的大运河。运河的总体设计以黄河为基干，充分利用了黄河南北自然地形和自然水流的特点，顺应了水往低处流的自然规律。运河长度、河道水深、宽度、通航能力均首屈一指，是世界上最雄伟的工程之一。

“鸿恩大德，前古未比”。隋代大运河西通关中，南至江淮，一举贯通南北。江南漕船从京口（今镇江）渡长江，再顺淮河北上，进而转入通济渠，再逆黄河向上，最后抵达京城洛阳。“通济渠，西通河洛，南达江淮……其交、广、荆、益、扬、越等州，运漕商旅，往来不绝。”全国性运河网络由此形成，每年数十、百万石漕粮和江淮物资通过大运河运达关中。

大运河的开通，使黄河流域和长江流域逐渐成为一体，促进了江都、余杭、涿郡等城市的发展和繁荣，加强了都城和富饶的河北、江南的联系，成为连接经济富庶地区与国都的纽带，南北两个文明由此连接，对中央集权稳定、国家统一和南北经济、文化的发展起到了重要的作用。

南北大运河在隋代的最终形成，体现了隋炀帝高瞻远瞩的战略眼光，也凝聚了运河设计者的智慧和千百万挖河民工的血汗。

对于隋朝大运河的开凿，唐朝诗人皮日休在《汴河怀古》一诗中评价隋炀帝，说如果隋炀帝不乘龙舟从运河下扬州游乐，其公德可与大禹治水相提并论：“尽道隋亡为此河，至今千里赖通波。若无水殿龙舟事，共禹论功不较多。”

通于唐宋取直于元

唐灭隋后，成为隋运河的最大受益者。

唐初，由于自然因素的影响，长江扬州江面不断变窄。江中原有的沙洲渐与岸相连为一体，长江北岸南移，扬子以南的运河口也被泥沙阻隔。江南船舶不得不绕道瓜洲西端（今仪征东），溯旧官河进入扬子斗门，“须留一月以上”，不仅要迂回60里路程，而且船只“多为风涛所损”。

唐开元二十五年（公元737年），润州（今镇江）刺史兼江南东道采访处置使齐浣着手对山阳渎的南端进行重点治理，改换漕运道路。他将江南运河的路线移到京口塘下（即京口埭，在今镇江城西北江边），船舶直渡对岸瓜洲。并在瓜洲至三汊河之间开凿一条长25里的新河，即伊娄河。至此，山阳渎又有了一条直达长江的新运口，既避免了水陆转运环节，每年节约运费数十万，又可避免船只货物漂损。伊娄河开凿后，江南船舶再也

「瓜洲古渡」

不必在扬州斗门耽搁了。

“齐公凿新河，万古流不绝。丰功利生人，天地同朽灭。”李白这首《题瓜洲新河饯族叔舍人贲》诗，对齐浣开凿伊娄河，畅通大运河予以赞扬。

最能体现唐代大运河南北畅通的，是天宝元年三月（公元742年），朝廷在长安城的广运潭举办了一个大规模的水运博览和商品交易会。

广运潭是当时长安城盛极一时的漕运码头，由陕郡太守、水陆转运使韦坚兴建。唐玄宗曾让其督办江淮租运。韦坚以办事干练而著称，每年为朝廷增加数目极大的钱财。史载：“坚乃以转运江淮租赋，所在置吏督察，以裨国之仓廪，岁益钜万。玄宗以为能。”

史载，自西汉及隋，均有船舶从黄河潼关入渭河西抵长安。由于当时渭河曲折淤浅，不便漕运。韦坚主持征调民工，用两年时间，在咸阳（今咸阳市）壅渭为堰，又截灞水、浐水傍渭东注，向东开凿了一条与渭河平行的河道，在华阴县永丰仓附近复与渭河汇合，以通漕运。为取得皇帝之欢心，韦坚还在禁苑之东兴建望春楼，下凿广运潭以通舟楫，让每年到长安的江淮载货之船在广运潭集中。玄宗下诏敕曰：“古之善政者，贵于足食，欲求富国者，必先利人。朕关辅之间，尤资殷赡，比来转输，未免艰辛，故置比潭，以通漕运。万代之利，一朝而成……且启凿功毕，舟楫已通，既涉远途，又能先至……”并赐名为广运潭。

「今日西安广运潭，为昔日长安城盛极一时的漕运码头」

天宝元年三月(公元742年)的一天，唐玄宗李隆基亲临广运潭落成典礼。在韦坚的精心策划下，落成典礼盛大隆重，且别具一格，史无前例。

文献记载，说韦坚预先将来自东京（即洛阳）、汴（即开封）的小斛底船三二百只置于潭侧，其他船只皆署牌，表明来自何方。若是广陵郡（即扬州）船，就在船上堆积广陵所出锦、镜、铜器、海味；丹阳郡船，就装上京口（即镇江）的绫衫缎；晋陵郡（即常州）船，就装上绫绣；会稽郡（即绍兴）船，就装上铜器、罗、吴绫、绛纱；南海郡（即肇庆等地）船，就装上玳瑁、真珠、象牙、沉香；豫章郡（即南昌）船，就装上名瓷、酒器、茶釜、茶铛、茶碗；宣城郡船，就装上青石、纸笔、黄连；始安郡（即桂林）船，就装上蕉葛、蚺蛇胆、翡翠。“凡数十郡”的船只，接受唐玄宗李隆基的检阅，可见当年中国各地到长安的船只之多。

以上为大场景。再看细节和特写：驾船人皆大笠子、宽袖衫、芒屦，如吴、楚之制，“白衣缺胯绿衫，锦半臂，偏袒膊，红罗抹额”。

接受检阅的第一条船只的船夫领唱《得宝歌》：得宝弘农野，弘农得宝耶！潭里船车闹，扬州铜器多。三郎当殿坐，看唱《得宝歌》。“和者妇人一百人，皆鲜服靓妆，齐声接影，鼓笛胡部以应之。余船洽进，至楼下，连樯弥亘数里，观者山积。京城百姓多不识驿马船樯，人人骇视。”

三郎即李隆基的乳名。听到乳名“三郎”出现在歌词中，玄宗非常高兴。诏敕曰：“其押运纲各赐一中上考……船夫等宜共赐钱二千贯，以充宴乐。外郡进上物，赐贵戚朝官。”

韦坚则被升官加以重用。诏敕曰：“其陕郡太守韦坚，始终检校，夙夜勤劳，赏以懋功，则惟常典。宜特与三品，仍改授一三品京官兼太守……”

1000 多年前长安城郊这场盛大的漕运码头落成典礼，展示了唐代运河的畅通和商贸的发达，今人甚至评价它是中国乃至世界博览会的发端。

时光荏苒，曾经繁盛一时的广运潭水陆码头，随着盛唐的衰落而消亡。其生态环境曾因河水污染、过度挖沙、垃圾围堤等因素遭到严重破坏。

2005 年 1 月，西安在浐灞生态区的建设中，为恢复广运潭原有生态，建设者们因地制宜，将非法采沙形成的河道沙坑进行整形，取坑为湖，取陆做洲。然后，引灞河之水济之，形成了湖中有岛，岛洲相连，洲内有潭，积潭成渊的良好生态景观。经历千年兴衰的广运潭，成为2011西安世园会主会址。

「广运潭成为2011西安世园会主会址」

为完善漕粮调配、收缴、发送、押运、下卸、进仓储备，建立完备的漕运体系，唐朝宰相裴耀卿总结漕运实践中的经验教训，改“直达运输法”为“分段运输法”，即水通则漕运，水浅则储仓，设粮仓于运河沿岸。这样，漕船既不停滞，漕粮也无损耗，极大地提高了漕运量。开元二十二年(公元734年)，升任侍中的裴耀卿，沿黄河建置河阴仓、集津仓、三门仓，征集天下租粮，由孟津溯黄河西上，三年时间便积存粮米七百万石，省下运费三十万缗。唐朝后期，又在“分段运输法”的基础上，创立“转搬法”，分段接运，改民运为官运，改散运为标准麻袋盛装、船只编组等集装化系统化运输。建立漕运奖励制度，以盐利为漕佣，解决漕运经费问题。这些创新举措，大大促进了唐朝漕运的发展。

北宋王朝定都汴梁（元明两宋时代对今开封的称呼），充分利用、疏浚、治理隋唐留下来的运河，建立了以首都汴梁为中心的三个水运网，促进了王朝经济社会的发展。“清明上河图”就是对这一时期运河两岸百姓安居乐业的生动反映。

北宋时期，由于楚、泗两州之间淮河运道上漕运量增加，过往舟楫增多，每年损失的舟船猛增到170艘左右。为避淮河风涛覆溺之患，在雍熙元年（公元984年）至元丰七年（公元1084年）的100年中，朝廷以淮河右岸的淮阴、洪泽、龟山三大城镇为分野，分期分段，陆续完成了在淮河右岸开凿复线运河的避淮工程。

「北宋定都汴梁(今古城开封)」

首先开凿的是楚州到淮阴的沙河运河。据《宋史.河渠志》载：“楚州北山阳湾尤迅急，多有沉溺之

「今开封府」

患。”宋太宗雍熙年间（公元 984—987 年），转运使刘蟠议从楚州（今淮安）末口至淮阴（今淮阴西南甘罗城）磨盘口之间，开凿了长约 40 里的沙河，以避淮水之险。之后，“乔维岳继之，开河自楚州至淮阴凡六十里，舟行便之。”因沙河在淮扬运河之西，故称“西河”。由于沿途地势渐高，为延缓河床比降，保证河道水位，乔维岳因地制宜，在沙河上设置了两个斗门，即船闸，保证了船舶通过。

继沙河运河之后，在公元 1049—1054 年间，由马仲甫首倡，许元实施，皮公弼复浚，开凿了淮阴西至洪泽镇，长约 60 里洪泽新河，又称洪泽渠。

最后开凿的是从洪泽镇至龟山镇的运河。元丰元年（公元 1078 年）正月，朝廷调夫十万，从洪泽镇傍淮水开渠 50 里，西南至龟山镇（今盱眙东北），称龟山运河。这条复线运河，一直使用至元代运河改道之初。

从古邗沟最北端的这三段运河统称淮南运河。它的开凿，使之与汴河的联系免遭楚州山阳湾和淮河风涛之险。江南、淮南、两浙、荆湖诸路漕粮，由淮南运河沿岸真（今仪征）、扬（扬州）、楚（今淮安）、泗（今盱眙东北）四州置仓受纳，分船入汴水而抵汴京（今开封）。

> 南宋偏安江南，大运河一些河段成为宋金对峙的“界河”。处于战争状态下运河或失修、或堙废。蒙古军队趁南宋和金国两败俱伤之机，先后将其消灭。

元朝定京城于大都（今北京）后，朝廷财政收入、京城百姓粮食和皇室奢华生活费用大部分来自于江南地区的贡奉。由于宋朝与金朝的长期对峙，南北大运河已年久失修，不少地方都已淤塞。元世祖在开通海运的基础上，投入了巨大的人力物力，对隋、唐、宋时期的大运河进行重大改道和裁弯取直。

公元 1283 年，元朝开凿了从山东南部济宁北至东平的济州河，南与通往扬州、杭州的隋朝大运河相接。1289年2月，又完成了从山东东平北至临清的会通河的扩建。此河北与隋朝修建的从临清到直沽（今天津）的旧运河御河相连，从直沽可经白河至通州。1293年，开凿了京城大都至通州的通惠河。这三段运河缩短了从北京到杭州绕道洛阳的航线，比隋代大运河缩短了900多千米，把原来以洛阳为中心的隋代V形大运河，扩建成以大都为中心，南下直达杭州的纵向大运河，实现了南北漕运的直达。这是大运河历史上最大的一次改建工程。此后，这个基本路线一直保持到现在。

南北大运河被“拉直”。大运河不再绕道洛阳，由“弧”形变成“弦”形，南北大运河从此称为京杭大运河。

至此，元代每年几百万石的漕粮、东南的贡赋和官吏商民每年不下亿万件的消费品，都从长江、淮河，经会通河北运。海外运来的商品过境之后，也是经运河到燕京。会通河得名会通，就是因为“江淮之漕，浮汶泗经达临清，而商旅贸迁，游宦往来往暨闽粤、交广、邛、川蜀，航海诸番贡之入莫不由是而达”。

马可波罗在其《马可波罗游记》中记载，他沿京杭运河南行，辗转于苏杭，最终抵达刺桐港（今福建泉州）。他写道，将陵（今德州）运河上南北运输商品极多，最多的是丝、香料；济宁商业手工业很发达，“船只多得令人难以相信”；徐州、邳州、清口、淮安商工农业都极发达，淮安的货运可以通到40多个城市；宝应、高邮、扬州是以商业手工业为主的城市，很繁华；真州（今仪征）是运河通江口岸之一，是盐、木料、麻等商品集散地；瓜州以工商业为主，产丝织品和农产品；苏州是最大的工商业城市；杭州最繁华，“商人如此之多和如此之富，难以言语形容。”

「马可波罗游记中的刺桐(今泉州)」

元代以最短的距离，连通了最富庶的江南及东部沿海区域，数百万担漕粮运达北京，江南财富维系了元王朝的大统一，元帝国实现了政治中心和经济中心的大融合。

京杭运河全程贯通正式通航的那一年，是至元三十年（公元1293年）。元代改造、兴建的三段运河中，最后竣工的是通惠河。

通惠河起自北京昌平县白浮村的神山泉，经瓮山泊（今昆明湖）到积水潭、中南海，再从文明门（今崇文门）外向东，在今北京朝阳区杨闸村向东南折，至通州高丽庄（今张家湾村）入潞河（今北运河故道）。其中从瓮山泊至积水潭这一段河道被称为高粱河。

「今日北京积水潭」

当人们奔走相告这破天荒的新闻，摩肩接踵观看来自江南苏杭的粮船时，从上京和林回大都的元世祖忽必烈，在万宁桥上目睹了这一盛况。“过积水潭，见舻舳蔽水，大悦。”看到水面全是粮船，首尾相连，他非常高兴，将这条从万宁桥到通州的82千米运河命名为“通惠河”。

繁于明清复兴于今

永乐十九年（公元1421年）明朝正式迁都北京，每年经京杭运河运往北京的漕粮达五六百万石，芦盐也由天津卫源源运往中原地区。“海河千派合，舟楫万方通”。定居北平的朱棣，深知直沽（今天津）作为“海运商舶往来之冲”的重要地位，决定在直沽设卫筑城，派兵把守，天津城从此形成。因其曾在此渡河南下，夺取皇位，朱棣就赐直沽名为“天津”，即天子渡河之地。永乐二年十二月（公元1404年）设立了天津卫，半个月后增设天津左卫。永乐四年十二月（公元1406年）又增设天津右卫。天津卫、

「北京紫禁城」

天津三卫、三津等名称也由此而来。

为减少漕运投入，明朝还准许漕船夹带二成货物，并免征税赋。这一政策使每年至少有200万石以上的丝绸、南北方土特产品、建筑材料通过运河北上或南下，运河遂成为商道。一时之间，天津“南艘鳞集，商有兴贩之便”，“粮艘商舶，鱼贯而进，殆无虚日。”

永乐年间，朝廷修建紫禁城、社稷坛、太庙、天坛等皇家建筑，需要大量的大木、神木。此时，由于明初战乱和大将徐达修建北京城南城墙向南移，通惠河万宁桥到崇文门外的河道已不便漕运。漕运只能到东便门外的大通桥下崇文门外，因此通惠河当时又叫大通河。朝廷在崇文门外建了“神木厂”（今北京花市大街处）。之后，通惠河又遭淤塞。虽有几次疏通，但因各种原因，疏通失败。

嘉靖七年，由于皇家宫殿、宗庙、神坛建设需要大量建材，巡仓御史吴仲主持，再次疏通通惠河。吴仲按照元代郭守敬的引水路线加以疏通，并取得成功。据《通惠河志》载：“寻元人故迹，以凿以疏，导神仙、马眼二泉，决榆、沙二河之脉，汇一亩众泉而为七里泊（瓮山泊），东贯都城。由大通桥下直至通州高丽庄与白河通。凡一百六十里，为闸二十有四。”

通惠河疏通后，每年从南方由运河北上的漕粮达四五百万担(约5.4万吨)。产自云、贵、川、鄂等省的木料，通过通惠河运到京城。江宁、苏州、杭州三个织造局，每年数十万匹专门为御用官用的绸、缎、纱、罗、布匹等苏杭丝织品，也通过通惠河运抵京城。

明朝正统十四年（公元1449年），发生土木堡之变，瓦剌俘虏明英宗朱祁镇后，入侵北京。兵部尚书于谦为防止瓦剌到通州抢粮，组织人力、物力经通惠河从通州运粮，五百辆大车日夜抢运，一直运了半个月。后瓦刺果然去通州抢粮，结果落空。通惠河运粮之多，可见一斑。

为降低漕粮海运的风险，明朝曾大力疏通京杭运河。

平江伯陈瑄（公元 1365—1433 年）是明代第一任漕运总督，负责整个漕运的全部职责，包括海运、河运和陆运。作为明朝中央政府派出的统管全国漕运事务的从一品或正二品的高级官员，他总管漕运 30 年，为明清漕运奠定了基础。

陈瑄治理运河有一件值得称赞，是他循宋代乔维岳故沙河故道，修通了清江浦，避免了五坝盘驳和漕船航行淮河沉溺的风险。

会通河自公元 1289 年开通后，淮北运河恢复了由清口北上之路。到明代，泗水被黄河所夺，故清口至徐州的淮北运河，与其说是行于泗水，不如说是行于黄河。北宋时期沿淮河右岸开凿的楚州至淮阴的复线运河，也变得可有可无了。宋代乔维岳开的沙河运河，到元末河床已淤塞，船闸湮废。

直到陈瑄总督漕运时，往来船舶均是在淮安新城（今河下镇）翻仁、义、礼、智、信五坝入淮。漕船在新城东门外东北翻仁、义二坝，官民商船则在西门外西北翻礼、智、信三坝。过坝时，重载船舶必须把货物先卸下来，拖空船过坝后再把货物装上。进入淮河后逆水而上，至清口入黄河。这一段水流特别迅急，一条船往往要用上百个纤夫拉，故“逾淮达清河，劳费甚钜。”

「今日南下北上的船只毫不担心地轻松过往淮安船闸」

淮安籍剧作家陈白尘，曾亲眼看到船只过闸，深感船舶过闸的艰险。他写下一段文字，生动的描述了当时船舶过闸的情景：

“……原来半里宽的河面，除了越闸分去不足三分之一的河水，其余的都奔向这狭窄的闸门而来，犹如千百人同时涌向几尺宽的小门一般，你冲我撞，都想奔突而出。于是互相激荡，形成汹涌澎湃之势，而两岸石壁，回声相应，遂发出震天价的怒吼……当这些激流在约莫五丈长的狭窄的闸堂中被两岸巨石束缚得互相撞击、左右翻腾之后，终于挤出大闸的后门。后门之外，是一片与闸门前相仿佛的广阔的大闸塘，河水夺门而出之后，又形成半瀑布形倾泻而下。由于闸上与闸下的水面在洪水期相距约三丈之谱，平时相距也有一二丈，这半瀑布似的河水，便以十五度至三四十度的角度向下翻滚奔腾，在大闸塘里形成无数的漩涡。在几十丈宽广的闸塘中回旋之后，它才以一泻千里之势直奔长江而去……”

诗人查慎行在《发清江浦》诗中，抒发了对船工疾苦的同情：南来步步远风霾，川路晨征一倍赊。竹落蒲帆浑不用，橹声如雁下长淮。编芦缚荻策成堆，大舸多从江外来。试问老堤堤畔柳，年年辛苦为谁栽？

为了避免船舶翻坝及淮河风涛之险，陈瑄在走访和实地勘察后，又循宋代乔维岳所开沙河运河故道，从淮安城西的管家湖开河 20 里，引湖水由鸭陈口入淮河。为节制水位，还在河上兴建了移风、清江、福兴、新庄四道闸。为保障漕运和南京贡船畅通，陈瑄规定，“运河只许粮船、鲜船应时出口，都漕遣官发筹，或三五日一放，运船过尽，口即筑塞，五闸匙钥掌之都漕，口之出入监之工部，其大小官民船只，悉由仁、义等五坝车盘以出外河清江瓜仪口子，敢有私擅出入者罪至重”。这种制度一直沿袭到嘉靖初年。

四闸之中，清江闸是漕船必经的咽喉。每年运粮季节，万艘漕船“帆樯衔尾，绵亘数里”，蔚为壮观。

清乾隆年间，江南画家江萱创作了一幅纵向高 4.15 厘米、横向长达 6.8 米的着色绢画《潞河督运图》，描绘的就是乾隆年间通州北运河繁忙的漕运景象和运河两岸的商贸民俗。

北运河始于天津三岔河口，终于通州，长 186 千米。过通州 82 千米，就是北京。

北运河和南运河在天津会合，进海河最后流入渤海。漕运鼎盛时，天津到通州的北运河上，来往的漕船每年有 2 万多艘、官兵 12 万人次，商船 3 万艘，运河的开通使一个小小的直沽寨成了远近闻名的天津卫。

北运河由多条河流汇集而成，所受有名之水达 84 条，其中自身受水 9 条。汛期往往洪水泛滥，常酿成洪灾。在康熙三十九年（公元 1700 年）至乾隆三十七年（公元 1772 年）长达 72 年时间里，共开了 8 条“引河”，分泄洪水，以保证漕运。

乾隆三十七年（公元 1772 年），朝廷先后从北运河左岸的南仓、霍嘴、堤头村开凿了三条引河，将北运河水分泄入塌河淀。一条条新辟的入海水道大大减轻了汛期洪水对北运河的压力，不仅卓有成效地保证了北运河的漕运，而且有利于农业生产，保证了沿河百姓的生活安宁。

「苏州阊门码头」

对于塌河淀的蓄洪保通作用，乾隆皇帝留下了诗句：“自从归来乐桑苎，直沽獭河空潺湲”，“阅武论文举次第，直沽塌淀悉情形”。

在漕运兴旺的元明清三代，北运河成为连接京津的黄金水道，为沟通京津水运发挥了不可替代的重大作用，被誉为“铜帮银底”运粮河。

“野水千帆集，人声沸暮烟。楼台两岸寺，灯火一河船”，清人的这首诗歌，描绘的是当年京杭运河的漕运盛景。

乾隆年间，苏州胥门、阊门外的运河码头“各省都会客货聚集，无物不有，自古称为天下第一码头”。扬州邵伯镇以棉、夏、葛、标、黄草等布及米、豆、竹、木为主要货物，被称作“御长十里，客货云集，江北第一大镇”。

明永乐之后，京杭运河上除官运之外，商运也逐渐增加，运河上开始设关收船税。清道光年间，户部从全国所收定额税银 400 万两，其中近 1/3 来自运河往来的商船。

「扬州邵伯古镇」

清末，清王朝政治腐败，漕政弊坏，又屡遭外国列强欺凌与侵略，加之黄河改道北流，夺淮、夺运，京杭运河逐年淤塞，特别是长江以北运河更是衰败不堪。

19世纪末20世纪初，铁路、公路等先进运输方式开始逐步传入中国，而且发展迅速。1912年10月，北起天津，南达南京浦口，长1015千米的津浦铁路建成通车，南北交通运输有了更加便捷的通道，京杭运河漕运功能开始弱化。

清咸丰五年六月（公元1855年8月），黄河在河南兰阳（今兰考）北岸的铜瓦厢决口。黄河洪水先流向西北，后折转东北，夺山东大清河入渤海。这是黄河距今最近的一次大改道。决口之初，清政府正全力镇压太平天国，无暇顾及河工，只能在“因势利导”、“设法疏消”的幌子下任其泛滥。漕粮河运被迫中止，改由海运。

清光绪二十七年（公元1901年），清廷颁布了停漕令，裁撤漕运总督及各省粮道等官。清光绪二十八年（公元1902年），京杭运河漕运全线停止。漕运停止后，运河进一步衰败。至辛亥革命爆发，清王朝覆灭时，京杭运河基本淤废。

新中国成立后，鉴于京杭运河在国民经济中的重要地位，为促进运河航运事业的发展，国家在实施第一个五年计划时，就把京杭运河航道开发与治理列入国家规划。第二个五年计划期间，京杭运河的整治被列为国家重点工程。

1958年4月，时任交通部部长的王首道，在上海主持召开鲁苏两省有关负责人会议，研究恢复和沟通京杭运河南北航运，实现大吨位拖轮船队运输。同年5月，国务院成立了大运河建设委员会，编制了整治开发京杭运河的规划，并确定了“统一规划、综合治理、分期建设、保证重点、依靠地方、依靠群众”的治运方针，动员100多万群众，对大运河进行全面整治。

“延伸山东段，扩能苏北段，提高江南段”是京杭运河航道建设的目标。

延伸山东段，主要是黄河以南的鲁南运河，即从梁山至济宁、台儿庄到南四湖河段。从济宁向北延伸至东平建成三级航道。济宁向南至扬州建成二级航道。

山东省、济宁市成立了大运河工程指挥部，领导对黄河以南到南四湖运河的治理。

鲁南运河由于得到了鲁西南四湖的接济，水源充足。四个湖泊从北到南，依次为南阳湖、独山湖、昭阳湖和微山湖，简称南四湖。它们又彼此相连组合成我国北方最大的淡水湖，统称微山湖。其总面积为1266平方千米，承纳了鲁、苏、皖、豫4省8个地区的来水，有40多条河水汇流湖中，平均水深1.5米，汛期最深可达到3米，流域面积达31700平方千米，是鲁南的一颗明珠，也是鲁南运河的天然航道和蓄泄水柜。

「鲁西南微山湖」

不过，即便有南四湖这样丰富的水源，由于受黄河浸入的灾害，加上年久失修和疏于管理，鲁南运河在新中国成立之前，还是千疮百孔。河道严重淤积，闸坝破损不堪，成为了一条名副其实的废河、害河。

“引湖济运，自流通航”成为治理鲁南运河的基本思路。一场长时间、大规模、多项目的治运人民战争就此打响。

从1958年开始到1967年，国家投资，组织民工，在北起黄河附近的梁山县小路口镇路那里村，南至济宁市郊李集的南四湖口，开挖人工运河。这条长90千米的新运河，在1967年正式定名为梁（梁山）济（济宁）运河。

南四湖是鲁南运河的基本通道，成为治运的主战场。

「鲁南运河上的运输船队」

1958 年 3 月，国家投资 136 万元，组织 5 万多民工，从济宁西郊向南，沿南四湖西在湖内按照河底高程 29.8 米，底宽 45 米开挖了一条长约50 千米的新河。新河北自龙公河口接梁济运河，南至苏鲁交界处的刘香庄。其前身是明代后期开挖的南阳新河和泇运河。不过，新河完全废弃了湖东老运河，而是结合修筑湖西大堤改在湖西重新开河。1959 年，对流经台儿庄的一段运河进行了裁弯取直，改道城外。新运河由三道支流开拓而成，从此，往来船舶不再绕道台儿庄古镇，而是从城区南郊笔直通过。新运河定名为韩庄运河，俗称台儿庄运河。

1959—1961 年，为配合南四湖新建二级坝枢纽中的 2000 吨级微山船闸建设，又将这段运河河底挖至宽 60 米，水深达到 4 米，使通航条件得到很大的改善。

1975 年，经过长达 17 年的建设，鲁西南地区最大的水利枢纽工程——二级坝枢纽工程在南四湖的最窄处建成。它横跨昭阳湖中腰，一举将南四湖分为上、下两级湖泊。枢纽由一道溢洪堰、一道拦湖坝，4 座节制闸和一座船闸按“一”字形排列组成。枢纽中的微山船闸于 1960 年 5 月建成，年通过能力为 2000 万吨，在当时居国内领先水平。

在尊重自然规律的前提下改造自然。二级坝枢纽在蓄水灌溉、防汛泄洪、水上运输和发展水产等方面发挥了很大的效益。特别是微山船闸的开通运营，较好的维护了鲁西南煤炭运道，成为京杭运河整治工程中收益最大的项目之一。

在 1958—1977 年的 20 年间，国家分三期对微山县韩庄至苏鲁边界的老运河进行了大规模改造。通过 20 年的治理，这条名为韩庄运河的新河，不仅打开了南四湖到京杭运河的通道，而且承担了南四湖 3.17 万平方千米的排洪任务和运河两岸1800平方千米的排水任务，两岸人民不再遭受洪涝灾害的威胁。

1990—1991年，因西线航道使用多年没有疏浚，航道淤积严重，船舶航行经常受阻，为避开湖西行洪河道，济宁地方政府在南阳湖中部和昭阳湖东部，重新开挖了一条长78千米、北自济宁郭庄港、南到微山船闸的新航道。

「鲁南运河岸边的大型航标灯」

1994年，长186千米、从台儿庄向南穿过淮河至江苏淮阴清江大闸的中运河扩大工程开工。在十九世纪中叶黄河北徙的六百年间，中运河曾穿过奔腾的黄河。黄河、淮河和大运河三水交汇后，水大流急，因此历代沿此河修筑的堤防特别多。中运河北通微山湖、南通江苏骆马湖和我国第四大淡水湖洪泽湖。1999年完工后，成为微山湖的东线航道，湖中航道长达54千米，1000—2000吨船舶及万吨级船队可顺利通过，日均承担200多艘船舶、18万多吨的货运量。2007年，中运河通过船舶10万艘，货运量近60000万吨，是船舶南下北上的主通道。

1996—2000年，国家又投资14.96亿元，实施了济宁至台儿庄段东线航道整治改造工程。工程按三级航道标准，在南四湖中重新开挖了北自梁济运河，沿湖西经孙杨田、东北村之间向东折向南阳湖中部，过南阳镇东，经石口、满口至微山船闸，出闸进入东股引河至新建的韩庄船闸进入韩庄运河，过台儿庄与苏北运河相接，长120千米。完成了微山、韩庄、万年闸、台儿庄四个梯级渠化工程，新建了台儿庄、万年、韩庄三座船闸及与其配套的水利节制设施，建设了济宁、滕州、台儿庄等港口，通航标准由原来的六级提高到二级，船舶通行能力由原来的100吨级提高到1000吨级。

「鲁南运河上的韩庄船闸」

从此，1000吨级船舶可从扬州一直北溯到济宁。

如今，通过微山湖口的北上南下船舶，可选择湖东湖西两条横跨苏、鲁两省的航道。其中从山东昭阳湖二级坝至江苏徐州蔺家坝船闸，进入苏北运河为西线航道。东线航道就是经韩庄运河进入江苏邳州大王庙，达扬庄淮阴船闸的中运河。此外，还有纵横微山湖的湖中航线。到2005年，整个微山湖有三级主航道130千米，五级航道80千米，六至七级支流航道700余千米，可通航里程达1100千米，运力总量为180万吨，年均货运量700余万吨。货物周转量40亿吨千米，年通航能力达到2600万吨以上。微山湖形成了一个纵横交错的水运网络。

扩能苏北段，即扩大扬州至徐州404公路苏北运河的通过能力。

苏北运河上通齐鲁，下扼江浙，西承黄淮高水，东临苏北平原和里下河水乡。由于地处黄、淮、运三水交汇之区，三河纠结，此消彼长，三者关系剪不断，理还乱。因此，苏北运河成为京杭运河中地形最复杂、整治难度最大、历来投入资金最多的运河。

苏北运河包括三个河段：自淮安以南至扬州入长江，史称里运河，亦称淮扬运河；淮安以北至邳州大王庙，史称中运河；大王庙至徐州蔺家坝，称不牢河。三段总长达460千米。与鲁南运河在微山湖分为三段相应，苏北运河也分为三段。东段韩庄运河，起自鲁南台儿庄，往东南6千米，在苏鲁交界的黄道桥进入江苏省境；中支伊家河，在台儿庄大桥西侧汇入韩庄运河；西支为不牢河，通过蔺家坝、解台、刘山3座船闸，至邳州大王庙与韩庄运河相合后，经滩上集达邳州。由邳州东南行至窑湾，东是骆马湖，西为黄墩湖，再循骆马湖西岸至皂河镇。通过皂河复线船闸，南下经宿迁、泗阳，通过宿迁、刘老涧、泗阳一线及复线船闸，再东南行至淮阴船闸，与里运河相接。

「韩庄运河高楼检查站」

「早期在苏北运河航行的水泥船」

新中国成立初期，苏北运河狭窄水浅，枯水期航道弯浅，通航困难；洪水期流速很大，不利航行。中水位时，只能通行 30~40 吨的木船和吃水 1~1.5 米的小型轮船。由于刘老涧、淮阴和邵伯船闸尺度太小，稍微大一点的船舶都难以通过。

1958 年 8 月，江苏省大运河工程指挥部成立，统管全段工程的设计、施工等各项工作。

整治扩建工程确定为二级航道标准，通过航道整治、船闸建设以及桥梁、港口、涵洞、排灌、防洪等建设，使之能通行 2 艘 2000 吨级驳船组成的一列式顶推船队。

为了适应北煤南运和南粮北调的需要，国家将苏北运河列为第一期重点整治扩建的河段，制定了“统一规划，综合利用，分期建设，保证重点，依靠地方，依靠群众”的治河方针。

整治扩建工程根据各个河段的不同情况，分别采取了不同的措施。有的为平地开新河，有的是在老运河基础上拓宽浚深。

第一期扩建工程于 1958 年 10 月开工。当工程进行至后期时，因受财力、物力的限制而于 1961 年 10 月停工，部分项目未能按原设计要求全面完成。虽然一些航段还没有达到二级航道标准，但历时 3 年的扩建工程的规模和速度，在当时中国航道建设史上是空前的。工程实施之后，航道等级得到提高，全线基本实现渠化通航，通航条件大为改善。200~500 吨级船队可北上徐州。邳县至六圩河段，可通航 500~700 吨级拖驳船队。

「苏北运河高邮县镇国寺河段」

1978 年 11 月 13 日，交通部组织江苏省、江西省和湖北省以及长江航运管理局，对苏北运河航道的通过能力进行了测试。测试结果表明，苏北运河可通行 300~1000 吨级顶推船队。

1980 年，苏北运河货运量达到 1700 万吨，比 1958 年增长 17 倍。

始于 20 世纪 70 年代末的改革开放，加速了我国的经济发展。交通运输能力不足，成为制约经济发展的短板。

1981 年 3 月，时任国务院副总理的万里视察京杭运河，作了充分利用水运，继续整治和利用京杭运河，分流北煤南运，减轻津浦铁路压力的指示。

第二期扩建工程于 1982 年 11 月拉开序幕。国家投资 6.47 亿元，集中力量整治苏北运河徐扬段。

1982 年 11 月，淮阴、扬州、盐城三个地区 26 个县的 24 万民工，在淮安船闸至高邮界首的 58 千米河道上，全线突击开挖、拓浚河道。12 月 28 日竣工后的航道底宽达到 70 米，水深 4 米。1983 年 11 月，21 万民工采取分段包干的形式，对蔺家坝至大王庙 72.7 千米的不牢河段挖淤拓浚，1984 年 1 月竣工。

1988 年 12 月 25 日，经过施工大军 6 年的苦战，第二期扩建工程完成，经国家验收交付使用。通过加建复线船闸，改造扩建煤港等，全线 404 千米河道基本上达到二级航道标准，船闸通过能力提高了 1 倍以上。可通航 2000 吨级船舶和 1000 吨级船队，每年新增北煤南运能力 1000 万吨，实现通过能力 3000 万吨的目标。

1985 年 5 月 18 日，江苏省运河航运公司两艘拖轮，共顶推 5 艘千吨级驳船，满载煤炭，由北向南，历时 9 天，从徐州试航到达扬州，安全航行 404 千米。这次具有历史意义的航程，显然要归功于苏北运河第二期扩建工程，它彻底改变了苏北运河河窄、水浅、弯多的落后状况。

进入 21 世纪后，苏北运河两岸经济快速发展，对运河的通航能力提出了更高的要求。为有效化解运河航道通过能力不适应船舶持续大幅增长的矛盾，提高运河的整体通航效能，从 2004 年 2 月开始，江苏开始全面实施苏北运河第二期续建工程，对两淮段、邵伯湖区段、高邮至邵伯船闸段、槐泗河口至施桥船闸段、大王庙至皂河船闸段等航道实施整治。

两淮段航道从淮阴闸下至淮安闸，全长25千米。自1988年第二期扩建工程结束后，经过20年运行，航道淤积严重，迫切需要拓浚整治。2006年6月，总投资3.2亿元的两淮段航道整治完成，达到二级航道标准。2003年，两淮段船舶通过量为1.12亿吨，整治后2007年，船舶通过量达1.91亿吨，2008年船舶通过量达2.08亿吨。

邵伯湖区段运河航道自邵伯船闸引航道出口至槐泗河口，长10.5千米，由于淮河入长江的水道在这里穿湖而过，导致水情异常复杂，是苏北运河中对船舶航行影响最大的航段。经过2005年的整治后，这段航道汛期船舶航行不安全和不畅的状况得到有效解决，船舶的实载率及航行速度、过闸速度大幅提高。

「苏北运河邵伯湖区段」

第二期续建工程完工后，苏北运河单向通过能力由5000万吨提高到8000万吨以上，船舶航行速度提高近1/5。按照2009年苏北运河货物周转量339亿吨千米计算，与公路运输相比，每年可节省运输成本100亿元以上。

苏北运河扩建与续建工程，还充分考虑到结合植树造林，护堤护岸，带动沿运河一些城镇的重新布局与旧城改造。扩建后的运河，水面宽阔，两岸植被茂盛，环境优美，景色怡人，沿途各类旅游资源丰富，历史文化古迹得到开发。在第一期运河扩建中新建的里运河西堤绿化工程，已树木成林，形成绿色长城。

「 完全绿化的邵伯船闸 」

一条河流的年货运量是航道、港口和船舶运输能力和发展水平的综合反映。

1950 年，苏北运河的年货运量为 92 万吨；1980 年，达到 1700 万吨，是 1958 年的 17 倍。1993 年为 6000 万吨，其中，年北煤南运量达到 1500 多万吨，比 1982 年增加 124%。2008 年，货运量为 1.67 亿吨，其中煤炭运量占全国内河的 2/3。

2010 年 11 月 30 日，经过 6 年的治理，投资 9.7 亿元的苏北运河徐（州）扬（州）段第二期续建工程，顺利通过交工验收。从这一天起，从徐州蔺家坝至扬州六圩口 404 千米苏北运河全部建成国家二级航道。新中国成立初期仅能通航 30 多吨小木船，20 世纪 70 年代 500 吨级船舶通行也难的苏北运河，现在可以昼夜双向通行 2000 吨级船舶，全年可从徐州直达长江，成为我国内河航道中，仅次于长江的人工运河。这一年，苏北运河货运量超过了 2 亿吨，相当于沪宁铁路单线货运量的 3 倍，产生了规模效益，成为京杭运河中货运量最大、船舶运输最繁忙、船舶航行密度最高、经济社会效益最显著的河段。

「 运河船队通过淮安三线船闸 」

今天的苏北运河，从根本上理清了与黄河、淮河之间的纠结关系，彻底摆脱了两河的纠缠，成为自成一体的南北水上运输大动脉，名副其实的北煤南运主通道。

从 1949 年到 2010 年，整整一个甲子。从通航 40 吨的小木船到畅行 2000 吨级的大轮船，苏北运河变化之大，令世人瞩目。

提高江南段，指的是京杭运河位于长江以南江苏省境的一段运河，称苏南运河。

20 世纪 90 年代以前，苏南运河大多为五级航道。由于一直未进行有效的整治，苏南运河百病缠身。从 1992 年至 2012 年，苏南运河进行大规模系统整治后，凤凰涅槃。一些河段达到三级航道标准，1000 吨级船舶畅通无阻。随着大型船舶数量的显著增加，货物周转量的显著上升和通航效益的显著提高，苏南运河成为京杭运河中运量最大、船舶密度最高的河段和支撑江浙地区乃至长三角一体化发展的水上经济命脉。

20 世纪 90 年代以前，苏南运河河道窄狭，多处淤浅，桥梁低矮，只能通航几十吨、100 多吨的小船。1992 年整治前，约有 160 千米基本处于自然状态，航道狭窄，浅滩多、弯道多、其他障碍更多。其中有 103 千米航道底宽不足 15 米，有 53 千米的航道水深不足 1.5 米，最浅的仅 0.7 米。全线 62 座桥梁，除按四级航道标准改造的 16 座外，其余 46 座中，13 座只达到五级航道标准，还有 31 座仅达到六级航道标准。全线河段穿越 25 个城镇，城镇河段长达 64 千米，占全河段的 31%。这些大都有上千年历史的古城古镇，虽然形成了“人家尽枕河”的水乡风格，但部分民居却占据了航道，一些河段航宽不足 30 米。跨河桥梁也集中在城镇河段，每镇少则一两座，多则五六座。桥梁碍航，航道条件恶化。如苏州、无锡、常州段运河上的桥梁大多为单孔、双孔和三孔的石拱桥。常州市区不到 9 千米航道，就有 8 座石桥，其中怀德桥、广化桥净空最低。一到汛期，暴雨不停，水位抬高，水流湍急，很多桥孔水位上下落差在 1 米以上，成为航船最大的障碍。沿运河上下行停航的船舶，每天有三四百艘，大多船舶只能被迫停航。惠济桥的桥孔有时候被水“淹”得剩下 10 米宽。1988 年的汛期，一次就

「苏南运河老河道上的民居」

有3艘船舶接连沉没在桥洞下，造成整个河道断航12天。

沿河装卸小码头林立，仅苏州市运河沿线年吞吐量在10万吨以上的小码头就有15个。码头作业岸线长达2万多米，平均每千米河段有265米的装卸岸线，许多码头作业区侵占航道，严重影响了航道畅通。

由于航道等级低，船舶流量太大，设计为双向通行的苏南运河，常成为三向航道。只要有一艘船舶发生事故，便会造成整条运河堵塞。仅1988年春至1989年春，一年中就连续发生8次重大堵航断航事故，累计受堵船舶5万余艘，200余万吨，绵延98千米，历时60余天，航运直接经济损失达2800多万元，货主损失及社会损失无法估量。1988年1月17日，苏州浒关运河因沉船造成断航，受堵船舶1万余艘，在10多千米的航道上只见船不见水。与此同时，无锡吴桥段、常州惠济桥段运河也相继出现类似情况。1988年1月13日，一装运石子的重载船舶在常州惠济桥段运河碰撞下沉，堵航长达13天，堵塞河道绵延13千米，上万艘船舶被堵得水泄不通。由浙江湖州运往常州的20艘船舶，装载400余吨大白菜，因堵航全部烂掉。造成市场菜价飞涨，市民怨声载道。

长江能通行万吨级船舶，通过整治的苏北运河可通航千吨级船舶。而苏南运河当时只能通航500吨级船舶。对于一艘在内河航行的1000吨级船舶来说，长江好比是一条高速公路，苏北运河就是国道，而苏南运河只能算乡村小道了。

从长江、从苏北运河来的1000吨级船舶，在通过镇江谏壁船闸南下时，便好像从高速公路、国道进入了乡村小道，被卡住了“脖子”。狭窄的运河航道成为制约苏南与长三角经济发展的“瓶颈”。

为解决船舶堵航问题，交通部门不得不在冬春枯水期，对进入苏南运河150吨以上的船舶采取限航管制措施。由长江进入苏南运河的大吨位船舶则被拒在谏壁、江阴、魏村、张家港等沿江口门船闸之外。

因航道条件差，船舶碰撞造成的沉船死人事故时有发生。苏、锡、常、镇4市航道部门，每年打捞沉船达450多艘，1.5万余吨。

通过开挖土方、新建护岸、改建桥梁、新建港口、设置交通标志标牌、清除沿岸违章碍航设施、绿化两岸，实施标准化、美化工程，使全线达到了国家四级航道标准，并预留了扩建三级航道的空间。至此，才能通航 500 吨级船舶。

从 1992 年 8 月开始，7 万多名建设者对苏南运河进行了历时 5 年艰苦整治，完成工程投资 27 亿元，1997 年 9 月基本完工。这次整治，是苏南运河历史上规范最大、标准最高、难度最大、效益最为显著的全面整治工程。

在整治苏南运河的行动中，诸如苏州的浒关、无锡的洛社、常州的戚墅堰、镇江的丹阳等窄狭水浅的城镇河段都得到了有效治理。拓浚加宽了航道，沿河违章碍航的装卸吊机全被拆除，港口和装卸码头全部是挖入式，不再侵占航道。桥梁改造和新建，净空高度全部达标。修筑了直立式浆砌块石驳岸，沿河绿化带和交通大道同步建成。航道条件的根本改善，为船舶航行安全提供了重要保证，大大减少了沉船事故。1997 年，沿河 4 市航道部门打捞的沉船数从每年 450 多艘、1.5 万余吨，降自 180 多艘、6000 多吨。

苏南运河沿线企业涉及钢铁、电力、建材、机械等众多行业，多为当地经济支柱。许多企业纷纷看好这条“黄金水道”，积极投资建厂，沿河企业星罗棋布。仅年货运量在万吨以上的企业就有 2000 多家，小的乡镇企业则不计其数。

「 苏南运河老河道上的桥梁 」

苏南运河虽然达到四级航道标准，但区域经济的腾飞又使其难以适应货运量的快速增长和船舶的大型化的要求。从 20 世纪初开始，新的堵航、断航事件又在运河出现，有时候比公路上堵车还厉害。

据统计，从 2003 年到 2006 年，苏南运河平均每年发生 8 小时以上堵航事件达 46 次，受堵船舶逾 10 万艘次。

2004年，苏南运河无锡段发生最严重的堵航。运河堵塞9天9夜，船舶积压绵延20多千米。在2002年至2006年5年间，苏南运河镇江段发生了8次严重堵档。最严重的一次发生在2005年2月。5000多艘船舶绵延了20千米，4天4夜动弹不得。

2006年4月20日，苏南运河无锡高桥至洛社段因一运煤船队搁浅，造成航道堵塞，4000多艘航船被阻，拥堵航道长达15千米。24时后才被疏通。2009年9月1日，苏州横塘段亭子桥被航行中的船舶撞断，80多米长、5米多宽的庞大桥身轰然倒塌，水上交通陷入停顿，运河在这一瞬间被拦腰截断。尽管做了大量的疏导工作，由于桥面大部分沉入水下，垮塌的桥梁又将肇事船舶和一艘装载900吨的煤船压沉，致使河道大部分堵死，整整堵了3天，引发了苏州段运河的大拥堵，并影响到常州、宜兴、江阴、无锡等地的运河运输，上下游等待通过的船舶排成了40多千米的长队，仅苏州附近就滞留了近6000艘船舶。

长81千米的苏州段运河，是苏南运河最繁忙的河段之一。由于水运成本比陆运低，且运载量大，许多货主都选择运河运送货物。

苏浙两省建材、煤炭以及各种设备80%都进入苏南运河，这就加大了运河的压力，使运河常年不堪重负。亭子桥航段每天通过船舶约6000艘，一年达到180万艘以上。统计数据表明，1992年亭子桥修建时，苏南运河的年运量在4000万吨左右，塌桥时已经达到1亿吨，每天船舶通过量从2000多艘增加到6000艘，运河航道已处于超负荷状态。船舶和以前相比也在变大，从以前的100~200吨，发展为500~600吨，有的甚至达到上千吨。而在苏州段运河运行的船舶中，有30%超过了500吨，这就带来了严重的安全隐患，提高了事故的发生几率。

虽然交通部门不断加大疏堵力度，堵航现象有所好转，但通航能力低的运河还是不能满足实际运输需求。为此，交通部在2006年发布了《京杭运河排堵保畅应急预案》和《京杭运河通航管理办法》，规范船舶航行、停泊和作业行为，力图减少违章航行、乱停乱靠的现象，提高运河通过能力。

堵航，折腾着、困扰着苏南运河。

1992 年 8 月，7 万多名建设者再次拉开了对苏南运河大规模整治的序幕。经过连续 5 年多的施工，苏南运河全部达到国家四级航道标准，500 吨级船舶畅通无阻。据统计，苏南运河的年货运量从初建时的 1 亿吨左右，迅速增长到 2005 年的 1.91 亿吨。

2007 年，江苏省投资 85 亿元，按三级航道标准，分段实施苏南运河整治，将四级航道整治改造、提升为三级。整治后的苏南运河将达到航宽 80 米、面宽 90 米、水深 3.2 米、弯曲半径 480 米和桥梁净空高度不小于 7 米的技术标准。届时，运河可以畅行 1000 吨级船舶，航道通航能力将再次提高 40%。

2008 年，苏南运河全线"四改三"，即从四级航道改造成三级的序幕拉开。

常州是一座具有两千五百多年悠久历史的文化古城，北携长江，南衔太湖，京杭运河穿城而过，上通镇江，下行苏州，河川纵横，湖泊密布，襟江带湖，其独特的地理位置使之成为"三湖襟带之邦，百越舟东之会"的交通枢纽，在古代漕运史上占有重要的地位。新中国成立时，运河航道狭窄，多处淤浅，跨河桥梁通航高度低，只能通行几十吨的小船，仅为五级航道。1992 年，常州开始运河历史上规模最大的全面整治工程。通过 6 年的整治，达到了四级航道标准，可双向通行 500 吨级以下船舶。

2004 年，为充分发挥运河运输功能，优化沿线产业布局，常州又开始了市区段运河"四改三"南移改线工程，以适应运河货运量的增长和船舶的大型化。

所谓改线工程，就是在新运河的路线上，常州市选择"近城"而不"进城"。运河改线与城市规划、重大基础设施建设相结合，优化综合运输体系，实现社会综合效益的最大化。

改线新运河沿常州、武进分界线开挖，由西向东，穿越常州 4 个区、10 个街道乡镇，长 26 千米。经过历时 4 年的精心打造，新运河达到三级航道标准，航道通过能力由原来的 500 吨级船舶双向航行提升到 1000 吨级船舶三线航行。升级换代使原有的“卡脖子”狭窄航道、险航、险段基本消除，通航保证率大幅提高，堵航问题迎刃而解。

2009年6月29日，常州市区段“四改三”工程竣工验收，它是苏南地区、也是江南运河上的首条现代化三级新航道。

2011年11月11日，历时近4年、投资18多亿元的苏南运河无锡段“四改三”(从四级航道提升为三级航道)整治工程建成通航。

「苏南运河无锡老河道上的南禅寺码头」

整治前的无锡段运河为四级航道，一般河段航道口宽50米多米，宽的河段为100米，通航最小水深2.5米，能通航500吨级船舶。

随着经济社会的快速发展，运河货运量增长迅猛。“十五”期间，无锡河段船舶通过量年平均增长率达20%，自2003年起船舶通过量就突破了1亿吨。随着船舶密度逐年增大和船舶大型化，航道通航能力明显不足。部分河段护岸破损严重，配套保障设施不足等问题日益突出，航道窄浅的洛社河段和新安河段成为全线最突出的“卡脖子”航段，堵航现象时有发生。

无锡河段沿岸有500多家企业，沿线经济开发区、工业园达19个，大部分依托水运发展。提升航道等级，将进一步发挥水运量大价低、节能环保的优势，凸显运河对经济发展的拉动效应。

2007年12月30日，无锡开工建设三级航道整治工程。经过4年的施工，2011年11月11日建成通航。通过整治航道、改建桥梁、建设水上服务区，无锡段运河水面开阔，水深加大，驳岸坚固。通航船舶吨位从500吨提高到1000吨，单船航速由每小时12.5千米提速到16.2千米。船舶航速提高产生的直接经济效益达8.58亿元至11.44亿元。每1000吨货物运输1千米的水运经济成本从118元降至65.56元。市区运河的年通过能力由1.53亿吨增至2.96亿吨，是沪宁高速无锡段货运能力的4倍多，成为直通上海国际航运中心的内河集装箱集疏运主通道。

京杭运河苏州段从1993年3月到1997年8月,持续5年进行大规模整治。航道航宽达到60米,水深2.5米,桥梁净高7米,可常年通航500吨级船舶,达到四级航道标准,运能比原来扩大了5倍。

「船队通过新开凿的苏州寒山寺河段」

整治10年后的2008年，运河承担了苏州全市2500万吨煤炭和1.5亿吨建筑材料，以及大米、油料和各种农用物资一半以上的运输，成为整条运河货物流量最大的航段，断面货流密度达到0.6~0.8亿吨。500吨级货船已成为水运“主角”，800吨级的船舶也屡见不鲜。2011年3月，苏州又投资近30亿元，整治、升级运河航道。通航能力再次提高40%，1000吨级船舶畅行运河。

2010年，苏南运河货运量超过了2.5亿吨。

京杭运河从苏州城东南角转而南下，通过宛如长虹的宝带桥，南经吴江、八坼、平望镇，过王江泾大桥，就进入了浙江省境。

20世纪50年代，为了提高京杭运河江浙连接段的通航能力，国家开凿了苏州经湖州到杭州的新运河。使船舶从湖州有三条水路可达上海，除了绕道江苏，走苏州河外，还可走湖（州）嘉（兴）申（上海）运河和长(兴) 湖申运河。

湖州地处长三角的中心区域，是沪、杭、宁三大城市的共同腹地，也是连接长三角南北两翼和东中部地区的节点城市，地理优势得天独厚。同时，湖州又得“水”独厚，在环太湖地区，湖州是唯一因湖而得名的城市。

1995年后，中央和地方政府对湖州境内全长44千米的中线运河进行了全面拓浚改造，将航道等级提高到四级，成为北煤南运的主要通道。2005年，湖州市运河水系全年货运量达到1.1亿吨，周转量高达129吨千米。2008年，湖州水运量已占湖州货运量的70%以上。

「湖州项王城」

2008 年 12 月 28 日，湖（州）嘉（兴）申（上海）线运河开工，它是浙江第一条千吨级内河航道，长 90.6 千米，连接湖州、嘉兴、上海等城市，沟通京杭运河、杭申线、长湖申线等航道。这是继长（兴）湖（州）申线、杭平（湖）申线和杭申线之后，嘉兴进入上海的第四条，也是最为便捷、等级最高的航道。

浙江省还进行了大运河钱塘江沟通工程建设。工程结束了大运河与钱塘江“江河相望，咫尺难越”的历史，为古老的京杭运河注入了新的生机活力，使浙江省内的嘉兴、金华、绍兴、宁波的水道与杭州相通，形成了以杭州为中心的浙江水运网。

从 2000 年开始，浙江省投资 70 多亿元，治理从杭州三堡至宁波长 239 千米的浙东运河。它是浙江运河的重要组成部分，是京杭运河向东的延伸，最后在宁波汇入东海。

| 运河路线　穿经插纬 |

京杭运河是中华民族因水兴利的智慧结晶，由人工河道和部分天然河流、湖泊共同组成。整条运河枕山环水，襟江带湖，通江达海，穿径插纬，宏伟壮观。

史学家根据沿程地理走势和水源特点，将京杭运河从北至南分为七段：北京市区至通州为通惠河；通州至天津为北运河；天津至临清为南运河；临清至台儿庄为鲁运河；台儿庄至清江（今淮阴）为中运河；清江至扬州入长江为里运河（今苏北运河）；镇江至杭州为江南运河（包括苏北、苏南运河和浙江运河）。历代开凿者因地制宜，精心设计。或劈山开岭，或平地挖河；或拓宽浚深，或截弯取直。整条运河枕山环水，通江达海，襟江带湖，穿经插纬，精细巧妙，宏伟壮观。

通江达海

中国地势西高东低，北高南低。从南到北的大江大河，几乎都是一江春水向东流。黄河流进渤海，长江流入东海，珠江流入南海。

南运河南起山东省临清市，流经有“神京门户”之称的德州，再经河北省东光市、泊头市、沧州市、青县入天津市静海县，又经西青区杨柳青入红桥区南部，至三岔河口与北运河会合后，作为海河的五大支流之一汇入天津海河，最后流进渤海。

「在长江下游航行的大型油轮」

海河长 1090 千米，是中国七大河流之一。它和上游的北运河、永定河、大清河、子牙河、南运河五大河流及 300 多条支流组成了华北地区最大的海河水系。

> 京杭运河巧妙借助江河湖泊之利，开凿在江河湖泊之间，将汩汩清流汇入江河，直至奔向大海。

以海河为界，北为北运河，接河北省香河县；南称南运河，连河北省

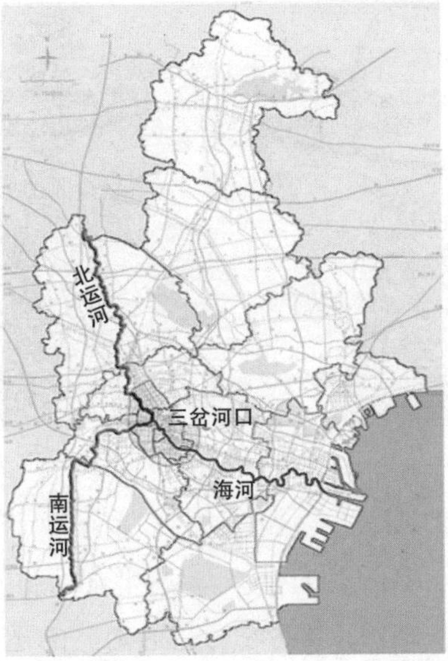

「海河、南运河和北运河位置示意图」

青县，全长174千米。北运河携着永定河从北方来，转了个大弯在这里与海河汇合。南运河汇合大清河与子牙河，在这里与北运河、海河相约同行，一起在大沽口投入渤海湾的怀抱。

从南运河再往南，就进入了长约480千米的鲁运河，即会通河，也就是山东境内的京杭运河。正是这段运河，穿越黄河，承上启下，接南连北，"南控江淮，北接燕京"，"处漕渠之中，襟带四方"，贯通了黄河水系。

在这个南北水位落差大、治河工程复杂、素有"运河水脊"之称的河段，古人千方百计引汶水和泗水为源，沿途充分利用东平湖、南阳湖、昭阳湖、微山湖等天然湖泊，在京杭运河全线的"屋脊"上开凿了运河，让一部分水南流，回到泗水故道，下通淮河，与隋朝开凿的通往扬州、杭州的大运河相接；一部分水北流，回到汶水故道，下通大清河，入渤海湾至天津，经北运河而达北京。至此，它沟通了第三个水系——淮河水系。

对于京杭运河来说，淮河处于一个很特别的位置。二者关系剪不断，理还乱。成也淮河，败也淮河，人们往往这样评价淮河在大运河中的作用。没有淮河，运河就失去了丰富的水源。淮河泛滥，运河遭殃；淮河安澜，运河受益，漕运通畅。

江苏在长江以北的一段运河称苏北运河，史称里运河，亦称淮扬运河。在长404千米河道上，依次流经黄河和淮河，形成三水交会。其最北端的徐州古城，北扼齐鲁，南临江淮，交通四通八达，享有"第一要津，两水汇通，连通三沟，四方都会，五省通衢"的美誉。由于地处古淮河支流沂、沭、泗诸水的下游，以黄河故道为分水岭，形成了北部的沂、沭、泗水系和南部的濉、安河水系。境内河流纵横交错，湖沼、水库星罗棋布。黄河故道斜穿东西，京杭运河横贯南北。流到淮安后，向南至扬州入长江。在扬州东北的湾头镇，它又分为两支：一支西流入扬州古运河，穿过扬州市区，南经扬子桥至瓜洲出长江，史称瓜洲运河；另一支从湾头直接向南，循新开运河，经扬州东郊，再向南过施桥船闸至六圩口出长江。至此，京杭运河沟通了第四个水系——长江水系。

「今瓜洲古渡含江口」

苏北运河不仅西联淮河干流，南达长江，而且北通连云港，东接里下河水网。随着运河两岸支流小河的疏浚和配套船闸的兴建，逐步形成了以运河为骨干，东接西联，北通南达的运河网络。

「通扬运河的一端南通」

比较著名的有如始于扬州江都市仙女镇，达于南通的通扬运河；起于长江边的南通港，止于启东市吕四港，北通黄海，全长 78 千米的通吕运河；起于南通市长江边营船港，止于启东市近海乡塘芦港，北通黄海，全长 93.39 千米的通启运河。还有起于泰兴市长江边的过船港，止于如东县东安闸，全长 135 千米、流入东海的如泰运河；起于如皋市碾砣港接长江，止于海安镇，与通扬运河相交，全长 57 千米的如海运河等。整个苏北地区因为数众多的运河而成为“运河之乡”。

江苏在长江以南的一段运河称苏南运河，史称江南运河。它起自江苏镇江谏壁口门，止于苏浙交界处的平望镇鸭子坝，长 212 千米，

「通扬运河的另一端扬州」

「沟通长江与太湖水系的长(兴)湖(州)申(上海)线」

贯穿产业经济最为活跃的镇江、常州、无锡、苏州，沟通了长江与太湖水系，连接并通过苏（州）申（上海）外港线、长（兴）湖（上海）申线等省际航道，直达上海。由于纵贯最富庶、最繁华的江南地区，常年航行着苏、沪、鲁、皖、赣、鄂、湘、等13个省（市）的船舶，是京杭运河运量最大、船舶密度最高的河段。

京杭运河从苏州城东南角转而南下，通过宛如长虹的宝带桥，南经吴江、八坼、平望镇，过王江泾大桥，即进入浙江省境。从苏州平望到杭、嘉、湖平原地区，形成了西线、中线和东线三条运河。

西线经南浔、湖州、武林头达杭州，长约130千米；中线经乌镇、新市、塘栖达杭州，长约108千米；东线长130.9千米，是大运河的故道。东线经苏浙交界的王江泾镇南行，过浙北重要工业城市嘉兴，再自嘉兴西南行，过西丽桥，至三塔湾，经濮院，到石门。运河在此90度大转弯，折而南行，至崇德县（今桐乡市崇福镇），达塘栖镇，与运河中线相汇流入杭州。由此，京杭运河沟通了最南的、第五个水系——钱塘江水系。

从杭州三堡至宁波的长239千米的浙江运

「西线运河上的南浔古镇」

「中线运河上的乌镇」

「东线运河上的塘栖古镇」

河，亦称杭甬运河，是京杭运河向东的延伸。它流经杭州、绍兴、湖州、嘉兴和宁波，沟通了钱塘江、曹娥江、甬江、苕溪江等众多水系，最后在宁波汇入东海。

京杭运河及其延伸，沟通五大水系，连通了多条水道，串联起多个城镇，运河的航运效益使江浙地区成为运河之乡，水运天堂。更为神奇的是，一条人工运河，竟然北通渤海、黄海，南达东海，通江达海，气势磅礴，魅力四射。

襟江带湖

长江流域纵横的江河和密布的湖泊，使京杭运河与大大小小珍珠般的湖泊结下了不解之缘。一些地段，河湖咫尺之隔，相互调济；一些地段，河湖二位一体，你中有我，我中有你，难解难分。与运河邻近的湖泊吞吐运河清流，保障河道水深；有的湖泊成为运河河道，运河直接从湖中通过。以至一些长年行走在运河的船夫，也分不清哪里是河，哪里是湖。

如果说京杭运河是一根银线，那么，与其相伴的湖泊就是一颗颗珍珠。银线串珍珠。运河是中华大地上一条独一无二的、美丽璀璨的银链。

与运河为伴的湖泊数京杭运河最多、最大。在山东段，较知名的有南阳、独山、昭阳、微山湖等四湖。

举网便知鱼虾富，来往常见万里船。一篙点破水中天，风平浪静好行船——这几句歌词是济宁人、中国音乐创作界词坛泰斗乔羽先生对微山湖繁忙水运的生动概括。

如今，通过微山湖口的北上南下船舶，可选择湖东、湖西两条横跨

「微山湖上的汽渡」

苏、鲁两省的航道。其中从山东昭阳湖二级坝至江苏徐州蔺家坝船闸，进入苏北运河为西线航道。东线航道是经韩庄运河进入江苏邳州大王庙，达扬庄淮阴船闸的中运河。此外，还有纵横微山湖的湖中航线。依湖而生，以湖为魂的鲁南运河穿湖而过，纵贯全湖南北达120千米。构成特有的“湖中运河”景观。河就是湖，湖也就是河，烟波浩淼，浑然一体，只有在湖中驶过的、被称为水上列车的拖轮船队，才能告诉人们那是运河河道。

在江苏段，有骆马湖、洪泽湖、白马湖、高邮湖、邵伯湖、阳澄湖、太湖等；在浙江段，则有闻名天下的西湖。在山东至苏北段，京杭运河还穿微山湖、骆马湖、高邮湖和邵伯湖而过。其中，太湖与洪泽湖为中国五大淡水湖。洪泽湖的南北，分别是高邮湖和骆马湖。高邮湖又称珠湖、璧瓦湖，水域总面积为780平方千米，是江苏省第三大湖。高邮湖属浅水型湖泊，为淮河入江水道。水面宽广，环境优美，物产丰富。高邮湖也是一座“悬湖”，湖水水面以及部分湖底比地面还高。骆马湖又名乐马湖、洛马湖、马乐湖，地跨徐州、宿迁两市结合部，是江苏省四大湖泊之一，也是苏北水上湿地保护区，南水北调的重要中转站。

「微山湖上维护水上安全的海巡艇」

「中国五大淡水湖之一的太湖」

通江达海，襟江带湖的京杭运河，一路气势磅礴，活力四射，风光无限。

运河文化　丰富多彩

京杭运河既是古代中国物质文明发展的重要载体，也是文化传播的重要渠道。五大流域的区域文化因它而相互影响，充分融合，运河成为传承中华文明和繁荣中华文化的桥梁和推手。

传世国宝潞河图

2009年9月17日，为庆祝新中国成立60周年，“国家宝藏——中国国家博物馆馆藏精品展”在天津博物馆正式开展。在众多精品国宝中，一幅《潞河督运图》吸引了众多的参观者。这幅纵向高4.15厘米，横向长达6.8米的着色绢画，描绘的是乾隆年间潞河的漕运盛况。

潞河即北运河。在京杭运河漕运兴旺的元明清三代，潞河是连接京津的黄金水道，为沟通京津水运发挥了不可替代的重大作用，被誉为“铜帮银底”运粮河。

「开封仿《清明上河图》兴建的清明上河园」

中国著名建筑学家朱启钤先生在此图的卷尾处题跋：“《潞河督运图》，意味尤近乎张择端《清明上河图》之作，允为国家重宝。”

宋徽宗时期，张择端绘制的《清明上河图》，以都城汴梁的汴河为背景，通过千姿百态，各不相同的近千个人物和疏密有致的沿河街巷建筑景致，描绘了都城的繁华景象。此图在国内外声名远播，影响深远。

几百年后的清乾隆年间，江南画家江萱，以时称潞河的北运河繁忙的漕运为背景，也画了一幅反映朝廷官员在河道中维持、督察漕运秩序，描绘运河漕运、商贸及民俗盛况的艺术杰作《潞河督运图》。

目前，这两幅气势恢宏，洋洋洒洒，风格细腻，历经沧桑的写实长卷，均作为传世国宝收藏于中国国家博物馆。

绢本着色的巨幅画卷《潞河督运图》，比《清明上河图》还长 1.5 米。绘有官船、商船、货船、渔船等各类船只共 64 条，各种人物共计 820 人，河道两岸有码头、衙署、民宅、粮仓等各种建筑。河道上的各种船只有的扬帆离岸，有的落帆停泊码头。拉纤的、卸货的、推小车的，清晰可辨。岸上的通州城内，店铺、银号、酒肆林立，琳琅满目，生动具体，极富生活气息，是当时政治、经济、文化及官民服饰、民生百态、社会风俗习惯的真实写生。

清雍正三年（公元 1725 年），时称白河的北运河发大水，堤岸多处冲垮。雍正皇帝令怡亲王允祥治水，并亲授方略。在南运河建坝开河，将诸河共分为四局，北运河为其中一局，减水分流，多途归海。从此，北运河一名替代了潞河、白河的旧称。

北运河历史悠久，自古以来有过许多名称。西汉以前称沽水，东汉至东晋称潞水，北朝时称潞河，元代称白河。

大运河地势南低北高，北运河河床虽然平坦宽阔，但漕船从平原地区的天津三岔河口到丘陵山区的通州，是逆流而上。每遇少雨季节，河窄水浅，来自江南的重载漕船北上航行就比较困难了。当时北运河上的江浙漕船，一般长 24 米；被称为江广船的湖南、湖北漕船，长 27 米；即使被称为浅船的山东、河南漕船，也长 21 米。冬季，北方运河结冰，漕运只能在春夏秋进行，通航周期有限。满载漕粮的大漕船过境天津时，一是靠纤夫拉纤，二是将货物卸在天津北仓，就地屯储，再转载到小型船只上，分批北上进京。因此，天津的北仓码头就成了“漕运之咽”，运河沿岸设有多处粮仓，今北仓一带也成为全国重要的皇粮屯储重地。元至元十六年（公元 1279 年），在此建直沽广通仓；明永乐四年（公元 1406 年）在此建百万仓，可储量百万石，有兵数万守卫；清雍正元年（公元 1723 年）建北仓廒，有仓房 48 座 240 间，可储粮 40 万石，是天津地区最大的粮仓。北仓、南仓、仓廒等地名都是因粮仓而得名。

在北运河的漕运时代，海河河床宽阔水深。三岔河口建有望海楼，供人观看壮观的潮水。后来望海楼被法国人拆了改建成为教堂，现在天津老百姓仍然把那里叫望海楼，或者叫望海楼教堂。

高达四五米的渤海潮水通过大闸口（今闸口街），灌入海河西面天津城南的护城河——官沟（今官沟街）。海船乘潮可以直达三岔河口，停泊在今古文化街一带的海河西岸。海潮还可顺着海河，上溯至武清的杨村。南来的漕船停泊在三岔河口的永乐码头一带，等潮水到来时，船工就可轻易地乘潮将船驶入北运河，进入北仓。轻载船只还可以直达杨村。清世宗雍正皇帝有诗："初月照扁舟，潮声洗客愁"，诗中的"潮声"，指的就是渤海的潮声。

可过了杨村，北运河的水就比较浅了，大船上的货物只能换载到小型货船上，并需要纤夫拉船上行。清朝时，北运河天津河段的纤夫和搬运工就有数万之多。

白帆与日月争辉，碧波共号子唱和。南粮北运，北货南输。由南方运往北方的多为大米、木材、丝绸、瓷器、竹器、茶叶等，北方运往南方的多为麦豆、花生、棉花、煤炭、食盐、皮货等。在明代，每逢五月初一、七月初一、九月初一，是漕船抵达京城的日子。那时，北运河上的船只，南来北往，或溯水而上，或顺水而下，非常繁忙。

漕运的兴盛给运河两岸带来了店铺林立、百货山积、商业发达的繁荣景象。有诗为证："清浅潞河流，常维万里舟，越罗将蜀锦，充满潞滨楼。"

上述景象，都浓缩在《潞河督运图》中。

地处京津之间的武清县（现为天津市武清区），河流纵横，洼淀棋布。北运河自北而南纵贯武清全境 62.5 千米。每逢夏秋水旺时节，杨村、蔡村、河西务等地码头帆樯遮空、舳舻蔽水。河西务在辽、金时还只是个小码头，随着漕运的发展，逐渐成为"驿路通畿甸，敖仓俯漕河"的宝地，在运河沿岸城镇中居于显要地位。在元代，因其领蔡村、杨村、桃花口三驿和地

「开封清明上河园一角」

近京城，被誉为“京东第一镇”。元朝在此设漕运外司，领接海船进京事宜。设水陆驿站和 14 座官家粮仓。明代在此设置钞关，来往货船在此榷税。并设漕运使司、巡检司、户部分司等十三衙门，三品至八品官员达百余人。一时财聚南北，货通四海。

地灵而人杰。北运河带来的南北文化，在武清得到水乳交融。武清形成了独特的人文精神和多姿多彩、宽容开放的文化传统。武清由富庶而文明，好学上进、慷慨仗义、报效家国成为武清的乡风。历史上，武清出过封疆大吏、朝廷重臣；出过国学宗师、书画巨子；出过武林盟主、戏剧名伶，在艺术和专业上卓有建树的专家学者更是不胜枚举，堪称才俊辈出。武清的书画、武术、民间花会、民间技艺等，无不与北运河结下不解之缘。

千百年来，为保障北运河的畅通，武清人民也付出了巨大的艰辛。元成宗大德二年（1298 年），整治北运河杨村至河西务段 35 处。明万历三十一年（1603 年），疏浚运河“深四尺五寸，所挑沙土即筑堤两岸”。清代，五万民众开挖百里筐儿港、青龙湾减水河、筑堤通海，完成了修筑减水坝、裁直八里湾等许多重大工程。康熙、乾隆皇帝先后题写了“导流济运”和“导流还济运”，鼓励治河官民。铭刻两位皇帝治河手迹的石碑，还完好无损地保留至今。

清帝赋诗诵运河

在北京积水潭西北的小山上，有一座始建于明代永乐年间的法华寺，这里曾是高粱河入城的总水关。高粱河水来势湍急，水关分流处原来设置有分水石兽，水从石兽颌下分为东西两路，水声宏大，其势如潮，容易患难成灾。人们冀希予这座庙宇的神灵保佑，称之镇水观音庵。

「趴在水关处的镇水石螭又称“镇水神兽”」

「乾隆皇帝画像」

趴在水关处的镇水石螭又称“镇水神兽”，造型似鱼又似鳄，民间传说为龙子的化身，它与德胜桥镶嵌的镇水神牛以及崇文区镇海寺的“镇海铁龟”号称老北京的“镇水三宝”。

《日下旧闻考》记有“旧在德胜门西里许，水自西山经高粱桥来，穴城趾而入，有关为之限焉。下置石螭，迎水倒喷，旁分左右，既噏复吐，声淙淙然自螭口中出”。

乾隆二十六年（公元1761年），重修法华寺并改名为汇通祠，并立有御制诗碑。诗碑的正面，是乾隆皇帝的墨迹《汇通祠诗》：

潴蓄长流济大通，澄潭积水映遥空。
为关溯洄应垂制，因葺崇祠喜毕工。
海寺月桥率难考，灯船歌馆漫教同。
纪吟权当留碑记，殷鉴恒深惕若衷。

御制诗碑的背面，是乾隆皇帝的墨迹《积水潭即景三绝句》：

积水苍池蓄众流，节宣形胜巩皇州。
疏淤导顺植桃柳，三里长溪可进舟。
一座湖亭倚大堤，两边水自别高低。
片时济胜浮烟舫，春树人家望转迷。
烟中遥见庙垣红，瞬息灵祠抵汇通。
雨意溟濛犹未止，出郊即看麦苗芃。

非常有意思的是，25年之后，乾隆皇帝仍然对通惠河积水潭情有独钟。还是在这块御制诗碑碑身的侧面，刻有乾隆五十一年的墨迹《瞻礼一律》：

辛巳疏通潭积水，逮今廿五阅流年。
不无淤壅应濬沼，有籍蓄潴利运川。
广陌纡临视工毕，灵祠礼谒意祈雯。
行云施雨青神惠，愿溥甘膏渥大田。

这块御碑特别珍贵，因为北京城已发现的乾隆御碑仅有三块。

「塘栖古镇的乾隆御碑」

自幼接受汉族传统文化教育的乾隆皇帝，文化修养很高，四书五经，诗词歌赋，书法绘画，无一不通。他喜欢游览名胜古迹，每到一处，做诗纪胜，御书刻石，墨迹甚多。较之其他名胜，其对积水潭的吟叹，似乎更加倾心。

法华寺之所以改名汇通祠，是因为这里曾是元代水利专家郭守敬开凿通惠河的办公地点。诗碑以及铭刻于诗碑上的乾隆皇帝诗句，记载了通惠河对北京城的贡献和郭守敬开凿通惠河的伟绩。

通惠河南与北运河相接，即京杭运河北京通州到天津北关这一段。北运河向南流经天津市的武清县，纳龙凤河，会永定河，至北辰区屈家店汇永定新河，至郭辛庄、千里堤，流经天津红桥区东北边缘，在新红桥东汇入子牙河，至三岔河口与南运河会合后入海河，全长 186 千米。

“野水千帆集，人声沸暮烟。楼台两岸寺，灯火一河船”，清人的这首诗歌，描绘的是当年北运河的漕运盛景。

在元明清数百年间，京城皇帝沿水路南巡必经北运河，故百姓又称之为“御河”。据载，清康熙，乾隆皇帝数次下江南，都经临北运河，留下了多篇吟咏北运河的诗篇。

康熙二十八年（公元 1689）正月，康熙南巡江浙。当时江南已是春季，莺飞草长，桃花盛开。三月，康熙回銮时，在北运河畔桃花寺旁又见桃花竞妍，性情所至，欣然命笔填词《点绛唇》一首。词曰：“再见桃花，津门红映依然好。回銮才到，疑似两春报。锦缆仙舟，星夜旳辰晓。情缥缈，艳阳时袅，不是垂杨老。”词前还写有小序：“前过浙江，桃花已放。今回銮至津门，复见桃花盛开。”此词情真意切，朴实自然，蕴含了康熙皇帝两见桃花的欣喜之情。

“潞河三月桃花水”——也是康熙皇帝经临北运河写下的佳句。

也许是受到父皇诗词的感染和启发，清世宗雍正皇帝的三首五言诗，更是绘声绘色的描绘了一个“三河万舶通”的北运河。

其一：潞河初解冻，桂楫溯潆洄。霁色明书帙，春涛劝酒杯。云排群鸟度，风鼓万帆开。扈从轩游日，唯惭作赋才。

其二：初月照扁舟，潮声洗客愁。孤村一树矗，隔岸数帆收。霄汉闻鸣雁，沙汀玩宿鸥。渔歌入夜寂，风景似清秋。

其三：晓发启明东，金鞭促玉骢。寒郊初喷沫，霜坂乍嘶风。百雉重城壮，三河万舶通。仓储关国计，欣验岁时丰。

运河画乡杨柳青

在明清运河漕运兴盛时期，这里是南北漕运的枢纽码头，商贸的集散之地。运输繁忙，商贸流通，经济繁荣，被誉为北国小江南、沽上小扬州。

位于天津以西仅20千米的杨柳青镇，地处京畿要冲，南运河、子牙河、大清河三河在境内交汇，环镇而过，进津入海。受南运河水运之利，小镇历史积淀深沉，文化底蕴丰厚。

使杨柳青扬名天下的，是著名的民间木版年画。它是以雕版套印和手绘结合的“半印半画”。即先在杜梨木版上雕出画面线纹，然后用墨印在纸上，套过两三次单色版后，以彩笔填绘，再通过勾、刻、刷、画、裱等纯手工制作而成。年画笔法细腻、色彩明艳，内容丰富，形式多样，人物秀丽，气氛祥和，情节幽默，题词风趣。2007年6月8日，天津杨柳青画社获国家文化部颁布的首届文化遗产日奖。2010年5月9日，杨柳青年画在世博会天津活动周向世人展示，国内外好评如潮。

杨柳青因此被誉为绘画之乡，与苏州桃花坞年画并称“南桃北柳”。

桃花坞取了第一个“桃”字，杨柳青为什么要取第二个“柳”字呢？

原来，古代的杨柳青自然沟渠纵横，诸流在此汇合为入海之口，故称“流口”，后来又叫成“柳口”。

从古名“流口”，又名“柳口”，到金贞祐二年（公元1214）金朝在此设置“柳口镇”，再到元末明初更为今名“杨柳青”，简单地名变化的背后，蕴藏着厚重的历史，也追述着一条河流——南运河的古老传说。

北宋庆历八年（公元1048年），黄河决口改道北流，水夺南运河道，在小镇的北边形成了一个“三角淀”，即东淀，由界河泥沽口入海。由于久雨水涝，濒河居民流移，在隋唐就已通航的南运河，在这里又形成自然河道，境内河道湖泊再次回流东下，故道河口汊连，因而得名“流口”。

据《杨柳青镇志》记载，宋代景德至元丰年间（公元1004—1085年），宋朝与辽国对峙于南运河一带，为防御辽兵南下，驻扎在这里宋军建立“河泺防线，遍植莳柳，因杨柳密布，又名‘柳口’。”自宋代形成居落后，人们又栽种了大量的梨、枣、槐等树木。其中，杜梨树木质坚硬而细腻，优于其他树种，具有适合木版年画画版雕刻的优良品质，奠定了杨柳青木版年画的基础。

元代至正三年（公元1343年），元代著名文人偈奚斯游历至此。见遍地杨柳青青，流水潺潺，即兴赋诗《杨柳青谣》一首。其中有“杨柳青青河水黄，河流两岸苇篱长”之句，故小镇得名“杨柳青”，此诗从元代流传至今。

杨柳青之名还有“御赐钦定”一说。传说清乾隆皇帝下江南，沿南运河行至此地，见两岸杨柳繁茂，婀娜多姿，遂问随行大臣刘墉为何地。满腹文墨的刘墉随口应答，说是杨柳青。乾隆皇帝亦颔首复称“杨柳青”，杨柳青之名于是被陪行的地方官传扬开去。

金泰和五年（公元1205年），金朝为减轻南运河的泄洪压力，发山东、河北、河东民伕，循静海县独流镇东北至柳口西边的碾砣嘴村，开挖一条新河，从东直行穿越柳口。至柳口东口子门处，河道由南转向东，出三汊河口由海河入渤海。第二次到柳口的金朝著名诗人元好问，在这里写下了《故地重游》诗句：杨柳青青沟水流，莺儿调舌弄娇柔。桃花记得题诗客，斜倚春风笑不休。

元代，随着大运河的全线通航，朝廷下诏迁江南富户充实京都沿路。又遣散军队沿运河开荒屯田，沿河村落开始形成。南运河畔的柳口镇人口也不断增加，经济开始繁荣。

杨柳青的真正兴旺发达，是在明清两朝，也实实在在得益于南运河。

为维护明王朝的封建统治，从元朝蒙古人手中夺得江山的朱元璋深知，“丧乱之后，中原草莽，人民稀少，所谓田野辟，户口增，此正中原之急务”《明太祖实录》。他采纳了郑州知州苏琦、户部郎中刘九皋、国子监宋纳等人的奏议，制订了移民屯田的战略决策，开始了一场大规模的，历经数朝长达50余年历史的移民高潮。

《明史·成祖本纪》载：“按明太祖以汉高（即汉高祖刘邦）为法，以江南富户实中都（即临濠，今凤阳县临淮镇，以城临濠河得名）。成祖迁都，又以各地之民充北平。”

明洪武年间，从山西洪洞大槐树大规模移民10次。如明洪武六年（公元1373年），“徙”山西真定民屯凤阳”。明洪武十三年五月（公元1380年），“山西民为军者二万四千余户，悉还为民”。明洪武二十一年八月（公元1388年），“徙山西泽、潞二州民之无田者，住彰德、真定、临清、归德、太康等闲旷之地。”

通过大量移民，在农业生产刚刚有所恢复时，又发生了燕王朱棣发动的“靖难之役”。4年的南北战争又加剧了中原地区的荒凉局面，为此又有了永乐年间的8次迁民之举。

南运河两岸土地平坦肥沃，物产丰富，水产资源繁茂，居民可依水而种或渔或猎，加上交通便利，是当时较为理想的生活居住地。

明初的移民，使杨柳青地区人口骤增。运河两侧，村落密集。迁徙在杨柳青南运河两岸的移民，有的来自南方的苏杭、嘉兴、湖北一带；有的来自北方的山西太原、平阳两府及潞、泽、泌、汾诸州。杨柳青年画世家、著名的齐健隆画店的祖先，就是在明永乐二年（公元1404年）由山东登州府内黄县城南十二里的齐家坞村，迁居到静海县西桑园村，后又于清康熙六年（公元 1667 年）寄居于杨柳青东街。

明永乐九年（公元 1411 年），朝廷征民伕疏浚京杭大运河，以济漕运。至永乐十三年（公元 1415 年）京杭运河全线通航。繁忙的南运河水运使杨柳青镇成为北方重要运河码头。南运河上千帆穿梭，码头上帆樯如林，南粮北货集散有序，装船卸船一片繁忙。据《津门保甲图》载，杨柳青在漕运最兴盛时有船户有 500 多家。广东、福建的蔗糖、木材，江苏、浙江的丝绸、布匹、茶叶，江南的瓷器等，都通过南运河集中到天津三岔河口，再转运北方各地。从事水运的船工、纤夫、装卸工、脚夫不计其数。南北货物的流通，商家的纷至沓来，南来北往人员的流动，促进了杨柳青镇商业、手工业和各种服务行业的蓬勃兴起。小镇上酒肆、客栈、茶馆、杂货店等应运而生。

「京杭运河畔的古镇」

“千载御河蕴真趣，百代古镇绽丹青”。繁忙的水运不仅成就了南运河畔杨柳青的经济繁荣，也推动了文化的发展。

民歌、小说、戏曲等文艺创作方兴未艾，剧院、说书场人头攒动，人们的精神生活丰富多彩。嘉靖二十五年（公元 1546 年）明代著名小说家吴承恩第一次乘船赴京，停泊杨柳青镇时，写下了一首《泊杨柳青》。诗中描绘南运河张帆的船舶，沿河的酒肆民居：“村旗夸酒莲花白，津鼓开帆杨柳青。壮岁惊心频客路，故乡回首几长亭。春深水暖嘉鱼味，海近风多健鹤翎。谁向高楼横玉笛，落梅愁觉醉中听。”清朝诗人蒋诗赋诗《沽河杂咏》：“皇船坞口是渔家，杨柳青青拂岸斜。绝似西湖好风景，二分烟水一分花。”

最能体现和代表杨柳青文化底蕴，成为杨柳青文化名片的当然就是杨柳青年画了。

南运河的畅通，使南方长于雕刻的民间年画艺人和精致的笔墨纸张、水彩源源不断地到了杨柳青，这为杨柳青年画注入了新的活力，这里的绘画艺术得到新的发展。到清乾隆、嘉庆年间，杨柳青木版年画制作达到了鼎盛。年画的画样（粉本）达几千种，仅戴廉增画店一年生产的成品就达2000件，每件500张，共达百万幅。杨柳青全镇连同附近的32个村子，“家家会点染，户户善丹青”。画店鳞次栉比，各地商客络绎不绝，成为名副其实的绘画之乡。

“七色年画九州绝艺，五彩丹青四海奇葩”。已历时800多年，被中国美术史称为“北宋画传杨柳青”年画，集南北文化于一体，沿袭了“明劝戒、著升沉、千载寂寥、披图可鉴”人物画优良传统，题材内容涉及面极广，堪称“社会百科世象全书”和封建社会后期经济社会的“活化石”。随着这些被誉为国之瑰宝的年画通过南运河外运到各地，杨柳青镇也扬名海内外了。

两京水路有长歌

所谓“两京”指的是南京和北京，曾经是大明王朝的都城。

“两京水路歌”即《南京水路歌》和《北京水路歌》，是明初鄞县（今宁波市）学者张得中所作，诗歌清晰、生动地描述了浙江运河与京杭运河连为一体的具体路线。

「六朝古都南京城墙」

明永乐元年（公元1403年），张得中应征茂才制科，试政户部，次年进士及第，曾参与《永乐大典》的编纂，是一位以日记为写作方式的勤奋学者。

这一年，张得中从宁波乘船赴南京。有感于途中的所见所闻，写下了《南京水路歌》。

歌中记述的是，张得中从宁波城西的望京门发舟，过鄞县西渡，进入慈溪境的慈溪江，依次历赭山渡、黄墓渡、车厩渡、丈亭渡、蜀山渡，转入余姚境的余姚江。诗歌写到："圣主乘龙天宇开，鹤书飞下征贤才。鄞江布衣忝英荐，蒲帆早驾长风来。长风吹帆过西渡，赭山大隐黄公墓。车厩丈亭并蜀山，余姚江口停泊处。"

然后，张得中从余姚江西行经通明堰，进入上虞县境，过通明江七里滩，沿上虞运河西行，从梁湖坝过曹娥江，过会稽樊江，进入直通钱塘江的萧绍运河："清滩七里如严陵，前瞻石堰为通明。上虞东山由谢傅，钱王庙前双树清。蔡家庄下梁湖坝，曹娥庙古丰碑大。路接东关白塔高，樊江一曲萦如带。绍兴城上会稽山，蓬莱仙馆云雾间。"之后，他绕绍兴城，穿行汉唐古鉴湖水道，依次经过柯桥、钱清与萧山城南三十多里苎罗山下的林浦（今临浦），在浦阳江与钱塘江交汇处的渔浦附近，进入钱塘江："柯桥古寺殿突兀，举头又见钱清关。罗山林浦连渔浦，钱唐（塘）江潮吼如虎。"

「 运河古城绍兴 」

之后，再从杭州六和塔附近龙山渡转到宋代古河龙山河，从杭州城南进入杭州城内的水系，进入京杭运河："六和塔近月轮边，龙山闸枕澄江浒。杭州旧是宋行宫，凤皇飞来南北峰。六桥三竺入天目，西湖十里荷花风。临平寺前通崇德，三塔清湾照城碧。"

再从杭州经过嘉兴、平望到江苏的苏州、无锡、常州、

「 杭州西湖 」

丹阳和镇江："嘉兴尚有读书台，平望随云高八尺。吴江八九洞相连，苏州好在阊门前。枫桥夜来过无锡，横林晓色凝云烟。常州古城高岌嶪，奔牛吕城坝相接。丹阳地势控丹涂（徒），舟向镇江城外涉。金山焦山两虎踞，龙潭瓜步依江屯。观音阁下韩桥小，龙江驿上金川门。入门先到鸿胪寺，奉楮殷勤报名字。五更待漏觐枫宸，从今愿写平生志。"

以上便是张得中从宁波乘船到南京的水上路线。

明永乐十九年（公元1421年），明成祖朱棣将都城从南京迁到北京。此后，张得中再一次从宁波经杭甬运河、京杭运河赴北京就职时，又写下了《北京水路歌》。诗歌写他坐船从宁波经杭州直达北京的路线。出发的地点是宁波城西望京门："四明古称文献邦，望京门外西渡江。"

张得中从杭甬运河进入钱塘江的地点，是在萧山城西十多里的西兴："西陵古号今西兴，越山隔岸吴山青。钱塘江接海门阔，胥潮怒卷轰雷声。"进入北京的水道依次是甬江、曹娥江、钱塘江、长江、淮河、黄河、卫河和通惠河，最后经漷县镇、张家湾和通州到北京："河西务，河合县，漷县相将迥城域。张家湾上趋通州，半肩行李惟书籍。"

在历时两个月，日行60余里，总计约3700里的航程中，诗歌中提到的城镇，由东向西到北有：宁波、上虞、绍兴、柯桥、钱清、萧山、杭州、平望、苏州、无锡、丹阳、丹涂（徒），镇江、瓜洲、扬州、邵伯、高邮、宝应、清河口、淮阴、宿迁、河下、徐州、沛县、张秋、临清、德州、青县、杨柳青、漷县、通州和北京，经过了36个行政区、72个船闸。

「古城宁波」

"我本江南儒，宦游至于此。所经之处三十六，所历之程两月矣。共经水闸七十二，约程三千七百里。"

六十多个日和夜，三千里路云和月。

作者在诗歌中，不仅写了进京的路线，还写了运河的繁忙："漕运循规事专一，密密征帆蔽天日。桅樯接踵连舳舻，舵楼按歌吹竿篥。”

写了沿河城市的繁华：“杭州旧是临安府，藩臬三司列文武。坐贾行商宝货烦，锦绣街衢百万户。”

写了河道的曲折和行船的艰难：“梁湖曹娥潮易枯，大舟小舠重难涉”，“钱塘江接海门阔，胥潮怒卷轰雷声”，“程奔邵伯高邮路，界首沿流水如注。菰蒲深处浴鸳鸯，湖浪滔天似潮怒。”

写了船舶过闸的艰险：“沙河谷亭闸最难，湍流萦回却船退。南阳枣林次鲁桥，澎湃水声翻雪涛”。“周家李家闸流急，崇武东昌旧城邑。”

写了舟师的艰辛：“杨清临清当要冲，百工纷纷共阛集。”

「绍兴城的乌篷船」

写了沿河的名胜和民俗：“绍兴城，水如碧，橹声摇过蓬莱驿”、“梦笔桥高对江寺，双塔亭亭各相峙。”“北出关门景如画，竹篱人家酒旗挂。”

还写了镇江金山的塔影、寒山枫桥的钟声、扬子江水的浩荡，瓜洲古渡的帆影、维扬厚土的琼花、泗亭刘邦的歌台、小河张秋的灯火，等等。

两京水路长歌也抒发了作者的乡思与乡愁：“沽酒浇离愁，必与朋簪共。夜深风雨打蓬窗，五更惊起思亲梦。”

运河城镇　星罗棋布

大运河的开凿，在全国性运河网络形成的同时，沿线的舟楫之利造就了一大批名城古镇，并逐步发展，成为当地政治、经济和文化中心。如两汉、隋唐的长安（今西安）、洛阳；北宋的汴梁（今开封）、南宋的临安（今杭州）、元明清的北京等。

漂来的京津　流成的杭州

老北京人有句俗话：北京城是漂来的。

20 世纪 80 年代，中央电视台播组织拍摄了《话说运河》。第一集的标题就是《漂来的北京城》，很形象地描述了历史上京杭运河与北京城的关系。

通惠河开通后，漂来了江南的稻米、丝绸、茶叶，也漂来建造皇城的砖瓦和楠木。各种货物源源不断地直接运到都城的积水潭。运河上货船来往，首尾相接，千帆争流。南方漕船一年运到京城的粮食达四五百万担。皇家建筑的木料，大多产自南方的云、贵、川、鄂等省，都是通过通惠河运到京城的。积水潭包括现今的什刹海、后海一带，成为京杭大运河的终点码头。

运河漂来的北京城

较大的码头集中在离鼓楼最近的银锭桥、烟袋斜街一带。粮船、商船聚泊，装卸繁忙，热闹非凡。最盛时，积水潭舳舻蔽水，盛况空前。积水潭东北岸，即今烟袋斜街，旅馆、酒楼、饭馆、茶肆、店铺彼邻，十分繁华，宛如江南秦淮。

通惠河疏通后，积水潭的“银锭观山”成为京城观西山的第一佳处。每年夏季，积水潭荷花盛开，是大都城内游人最多也是最热闹的地方。

史学家认为，当时，元大都的社会经济文化中心几乎全集中在积水潭。元代最著名的大都杂剧主要活跃在此周围，文人雅士、著名杂剧家聚集于此赏酒作文，留下了很多诗文。

如“十里藕香连不断，晚风吹过步粮桥。”《燕京岁时记》中也有记载：“……荷花最盛，六月间，仕女云集。凡花开时，北岸一带，风景最

「今北京积水潭银锭桥」

佳。绿柳低垂，红衣粉腻，花光人面。真不知人之为人，花之为花。”《马可·波罗游记》中，也记载了元大都的繁华盛景。

明永乐时，朱棣从南京迁都北京。大将徐达在元大都的遗址上重建北京城，规模比原来更为宏大。城池在修建过程中向南扩张，将原来位于大都城外的通惠河的部分河段包入城内，将流经元代皇城东墙外的运河圈入，以保证皇家用水。从此，通惠河与积水潭的联系被切断，积水潭也与京杭运河失去了关系。漕船再也不能从万宁桥到崇文门外，进入内城积水潭，只能开到城东东便门的大通桥下。朝廷在崇文门外的今花市大街处建立了“神木厂”，处理修建紫禁城、社稷坛、太庙、天坛等皇家建筑所用的大木、神木等。从江南运河运来的物资，一般到通州便弃舟，改用马车运抵朝阳门，所以朝阳门也叫粮食门。北京至今仍还留有很多粮仓的名字，如海运仓、北新仓、禄米仓等。

流淌了数百年的通惠河，现在只有从北京东便门向东长约 20 千米的河道，还基本上保留着它的原貌和本名。北京外城东北角的便门，曾是通惠河自西北向东南流出北京城的水关，通惠河就是从它的角楼下蜿蜒东流的。

1956 年，北京城内的通惠河段全部改为暗沟。因城内工业废水和百姓生活污水均排入暗沟，通惠河水质明显变差，河水黑如墨汁。直到北京市政府在御河下水道的南河沿大街南口建截流井，把污水及菖蒲河的水排放到高碑店污水处理厂，通惠河水质才逐年改善。

2006 年，北京东城区政府开启了“北京玉河历史文化恢复工程”，位于什刹海东的万宁桥到地安门东大街路北的古运河一段，从暗河变为明河，恢复了 480 多米古玉河河道，两岸修建成为美丽的街心公园。古河河道上，修建了东通雨儿胡同，西通拐棒胡同的雨儿桥和东通福祥胡同的福祥桥。在福祥桥西的平安大街上又复修了福祥寺。河道两旁兴建了以清代四合院风格为主的建筑。这两座桥为白玉石栏板的石桥，清澈碧绿的河

「位于什刹海东的万宁桥」

水，古香古色的商铺民居，相映相辉，又呈现出古代京都风貌。只不过，古河道中再不可能出现当年元世祖忽必烈过积水潭而大悦的“舳舳蔽水”盛况了。

2007 年，北京在复建挖掘玉河的过程中，人们发现了元代通惠河的河堤遗址、玉河庵的山门和东西配殿的地基。我国著名的文物考古专家徐苹芳先生说，玉河是通惠河的一段，并在河畔的卧地巨石上题写了“通惠河玉河遗址”，成为今人凭吊古迹的一处遗存。

作为京杭运河漕运终点码头的积水潭，昔日是帆影连天，千帆聚泊，大小漕船南来北往，装卸号子此起彼伏，商贩叫卖人声鼎沸，现在变成了一个毫不起眼的小小池塘和人们乘凉散步、垂钓休闲的街心花园，只是作为北京的一个运河遗址、一个地名而存在。

「北京京杭运河积水潭港遗址」

至于碧波浩淼、百舸争流、被称为“北京古海港”的什刹海，现在演变成了一个小小的景观湖泊。

从南运河北上进京，或从北运河南下苏杭，天津是必经之地。

「北京积水潭烟袋斜街上的后海商街」

北运河、南运河和海河三河在天津的交汇处，叫三岔口。

三岔口可能是天津最古老的名字，没有三岔口，也许就没有天津卫。

“地当九河要津，路通七省舟车”。长 1090 千米的海河是中国七大河流之一。它和上游的北运河、永定河、大清河、子牙河、南运河五大河流及 300 多条支流组成了华北地区最大的海河水系。

穿过天津市中心，蜿蜒 73 千米的海河干流，主要由五河，特别是北运河、南运河，从北、从西、从西南和南各个方向辐聚而成的。

> 如果说海河是天津的母亲河，那么运河就是天津的血脉。天津的形成与发展，与流经境内的南、北运河密切相关。

相对于西安、洛阳、北京、开封、南京等千年古城，天津要年轻得多。从明永乐二年（公元 1404 年）朱棣在海河边筑城设卫，赐名天津至新中国成立，还不到 600 年时间。

是京杭运河孕育了天津，并且使其后来居上，在华北大地如日中天。

早期的天津城区，原在直沽、三岔口、侯家后只有渔民、船户等少数人居住。金、元以后，漕运开通兴起。大量漕船满载粮食每年从南方或经海运至大沽口进入海河，再经北运河转运至北京；或经南运河进入天津，在三岔河口转入北运河再运抵京都。

由于三岔河口地处南、北运河与海河的交汇处，兼有河港、海港的性质，成为内河和海口的咽喉以及连接运河航运与海运的水运枢纽。来自运河和渤海的船只大多在这里停泊，各种商品在这里装卸，沿岸聚集了众多的人口，催生了码头、港口和城市，三岔河从而成为天津城市的发祥地。

「中国邮票上通惠河畔的北京通州燃灯塔」

在宋辽对峙的年代，海河三岔河口成为宋朝与辽国的界河。宋王朝为切断江南粮食北入辽国，禁止漕船从南运河北上，“漕则不复入界河，免戎人邀击之患”。南北运河漕运受到了影响。

金灭辽及北宋之后，这里不再是两国交界之地，运河漕运恢复。在金朝建都北京的 61 年中，前 52 年，南运河河道是由静海县独流镇向西，经过冀中洼地的永济渠旧道，运往京城。公元 1205 年，金章宗改凿运渠，使河道从静海县独流镇向北流到三岔河口，然后转北运河，溯流北上达通州，再至京师。三岔河口遂成为漕运枢纽。

当年，为保证漕粮安全抵达中都，金朝在北运河的武清（今天津武清区）和南运河的柳口（今天津西青区杨柳青）派驻了“巡检”，并在三岔河口一带设立直沽寨，派正、副都统率兵守护。直沽寨的设立，突出了三岔河口的重要地位，为之后天津城市的形成与发展奠定了基础。

忽必烈统一中国定都北京后，十分注重直沽“河海通津”的战略地位，在下令开通海漕的同时，也积极疏通运河。他听取和批准了水利专家郭守敬提出的改道、取直大运河的方案，即绕开隋唐时期开凿的大运河通济渠段（徐州至洛阳段），让大运河从徐州向北，经山东济宁至临清，再进入大运河的永济渠段。这一方案，不仅回避了因黄河多次改道已经完全淤塞的河段，缩短北上京城七八百里航程，而且开创了京杭运河南北贯通的新时期。

天津直接受惠于元代大运河的改道，成为京杭运河的必经之地和南北物资交流的中转站。

公元1282年，元朝试行海运漕粮。次年，虽然损失近4000石，仍有4.6万余石江淮漕粮抵达直沽。粮食从江南装船后，“舟将抵直沽，即分都漕运官出接运”（元贡师泰《玩斋集》）。由于海运发展较快，元朝在三岔河口至杨村的北运河岸边兴建了“直沽广通仓”（含仓上、南仓、北仓）和“直沽海运米仓”，并在海河转弯处的大直沽先后设置了“临清御河运粮万户府”和“接运厅”，管理漕粮储运。到1329年，年运量达到三百五十余万石。元王懋德在《直沽》中写到：“东吴转海输粳稻，一夕潮来集万船”。它使天津市区范围由三岔口一隅之地，扩大为东到大直沽，经马家口、三岔口、侯家后，西抵马头一带。

为保卫海漕、河漕生命线，控制各河会口而拱卫京城大都，元朝还在直沽设置了“镇守海口屯储亲军都指挥使司”，派兵防守。延祐三年（公元1316年），改直沽为海津镇。1349年，又在此设镇抚司，直至元朝灭亡。

元朝灭亡后，明朝定都南京，改金大都为北平府，由燕王朱棣镇守。建文二年(公元1400年)，燕王朱棣以平定“靖难之役”为名起兵，在直沽三岔河口南运河渡河南下，最后攻占南京，夺得帝位，改年号为永乐。

“海河千派合，舟楫万方通”。定居北平的朱棣，深知直沽作为“海运商舶往来之冲”的重要地位，决定在直沽设卫筑城，派兵把守，天津城从此形成。因朱棣曾在此渡河南下，夺取皇位，朱棣就赐直沽名为“天津”，即天子渡河之地。永乐二年十二月（公元1404年）设立了天津卫，半个月后增设天津左卫。永乐四年十二月（公元1406年）又增设天津右卫。天津卫、天津三卫、三津等名称也由此而来。

由于海运漕粮屡遭风浪，损失很大。经明朝公元1411—1415年间的大力疏通，京杭运河得以全线贯通。

永乐十九年（公元1421年）明朝正式迁都北京后，每年经运河运往北京的漕粮达五六百万石，芦盐也由天津卫源源运往中原地区。为减少漕运投入，朝廷准许漕船夹带二成货物，并免征税赋。这一政策使每年至少有200万石以上的丝绸、南北方土特产品、建筑材料通过运河北上或南下，运河遂成为商道。一时之间，天津“南艘鳞集，商有兴贩之便”，“粮艘商舶，鱼贯而进，殆无虚日”。

南运河在天津静海县境长近50千米，南起梁官屯、北至独流镇的十一堡，贯穿南北。静海县最早的县城就在运河边上，由最早的一平方千米发展到20多平方千米。境内独流镇、唐官屯、静海镇等都是依河而兴起的大集镇。民船多集中于各镇的码头，时称“船着场”。当时，独流镇就有了类似于现在船东协会的船主组织——船会。按片划分南街、北街两个船会，另设会长，负责邀集全体船员集会，每年活动一次，搭台唱戏，求佑平安。据统计，当时独流镇有船户170多家，唐官屯有50余家。货船多有自己的名号，如“八吊字”、“全顺心”、“大蓝旗”等。船只大小、载重量各异。最大的是100吨的对槽船，最小的为10吨的单船。船的种类甚多，形状大致相同。最常见的是粮划子船、炮划子船和标船。这些船只往南运盐和杂货，往北运粮食和棉花，南至河北沧州、德州，山东临清，河南新乡等很多地区。

漕运的兴盛使天津出现“商业区发达，水陆云集，车船如织，店铺林立，百货山积”的繁荣景象，也造就了天津“通舟楫之利，聚天下之粟，致天下之货，以利京师”的特殊地位。

戏剧家孔尚任曾赋诗，“津门极望气蒙蒙，泛地浮天海势东。昏到晓时星有数，水连山处国无穷。柳当驿馆门前翠，花在鱼盐队里红。却教楼台停鼓吹，迎潮落下半帆风。”是对天津繁华景象的真实写照。

史学家说，天津是运河载来的城市。天津城市的形成、商贸文化的发展、直至成为北方特大都市和经济贸易中心，京杭运河功不可没。

如果说北京和天津是运河漂来的，那么杭州就是运河流成的。

“三面云山一面城，山城环抱西子湖”，杭州因西湖而闻名；“运河水乡处处河，东西南北步步桥”，杭州因运河而兴旺。大运河成就了这个城市的繁华繁荣，使小小的余杭县变成了人称天堂的杭州。

杭州地处长江三角洲南翼，杭州湾西端，钱塘江下游，京杭运河南端。钱塘江、东苕溪、京杭运河、萧绍运河和上塘河等江河的哺育，使这里成为华夏文明的发祥地之一，形成了被称为文明曙光的良渚文化。

杭州古称钱塘，自秦代设县治以来，已有2000多年历史。五代吴越国和南宋王朝在这里建都，使其成为中国七大古都之一。隋开皇九年（公元589年），改钱塘郡为杭州。杭州之名从历史上首次出现至今，也有1400多年了。

「人称天堂的杭州」

隋大业六年（公元610年），南北大运河开通后，从杭州可直达开封和洛阳。南北经济、文化的交流，促进了杭州的发展。“珍异所聚”、“商贾并辏”，杭州成为相当繁荣的城市。唐代承袭并发展了隋朝给杭州所奠定的基业，贸易发达，居民已超过10万。“江南列郡，余杭为大”，成为与广州、

「江南漕粮繁荣了大宋京城开封」

扬州并列的中国古代三大通商口岸之一。

五代十国时期，杭州是吴越国的首都。吴越大兴城市建设，发展海上航运，与日本、朝鲜等周边国家和地区进行通商和文化交流。钱塘江边“舟楫辐辏，望之不见首尾”，“西方之货不趾而自集”。杭州成为中国东南地区的一大都会。

北宋统一中国后，杭州成为主要商埠之一，被称为“富兼华夷”、“百事繁庶”的“地上天宫”。大运河成为杭州物流的主要通道，“天下转漕，仰此一渠”。每年从江南通过运河到京城开封的粮食，达到五百万至八百万石，其他金银布帛、香药、茶叶无数。北宋后期，杭州成为全国四大商港之一，“东南形胜，三吴都会”，有“地有湖山美，东南第一州”之称。

宋室南迁，定都杭州，改名临安府。此后150多年中，杭州一直是全国政治、经济、文化中心。造船、瓷器、纺织、印刷、造纸和兵器等手工业相当发达，成为一座以江河湖海接纳世界的大都会。

元代建立行省制度，杭州成为江浙行省的省会。元朝至元年间，京杭运河全线贯通。朝廷在运河上设立水上驿站。通过驿站，杭州北可以直达大都（北京），南可以直达泉州。成为全国水运交通要津，南北货物的集散地。

元代以后，因年久失浚，杭州城内外的运河一度淤塞。虽曾有过两次比较大的疏浚，但浚而不深，河道水深不及宋代一半，漕运能力递减。城南商业萧条，而北关拱墅一带仍然货船麇集，依旧有十里银湖墅的美称。

明清时代，因为海禁，南北水运基本以运河为主。统治者多次治理运河和其他河道，杭州形成了4条主干河道及联系运河的城内水网。茅山河、盐桥河、菜市河都直接或间接与大运河相通，成为沟通城内物资交流和保证城内居民生活必需品供应的水运渠道。菜市河是城北及杭嘉湖地区向临安运粮的通道。跨于其上的菜市桥、太平桥、新桥、坝子桥、宝善桥等埠头，是农副产品的集散地。盐桥河则是运盐的通道。可达钱塘江边的中河，多运输建筑材料。从江西、福建、安徽来的木材，在美政桥通过“过驳”装船，再转入杭州城。

当年，运河穿杭州城而过。处于运河最南端的拱宸桥一带，曾是杭州最热闹的商业区。舟楫云集，往来如梭，南下北上，日以继夜，形成了有名的“北关夜市”。因位于拱宸桥西而得名的桥西直街，南起二司殿，东接天香弄，北连桥东街，长约500米，宽约4米，是人头攒动，摩肩接踵的热闹街市。

「运河南端的拱宸桥一带舟楫云集，曾是杭州最热闹的商业区」

说京杭运河杭州河道，就不能不说长安坝和上塘河。

宋元时期，京杭运河过长江，经镇江，常州，无锡，苏州后，并不是经塘栖到杭州，而是经嘉兴，桐乡石门至崇德后，向南到海宁长安镇，过长安坝，走上塘河经海宁许村、余杭临平到杭州。

这条水路，一要过长安镇的长安坝，二要走上塘河才能到杭州。

作为连接南北的必经水路长安镇，船只往来十分繁忙，有“上彻临平，下接崇德，漕运往来，商旅络绎”之说。《浙江通志》载：“长安乃舟车往来南北冲要之地。”南宋诗人范成大有诗：“斗门贮净练，悬板淙惊雷。黄沙古岸转，白屋飞檐开。是间袤几许，舳舻蔽天来。千里拥孤遂，万马盘一环。篙尾乱若雨，樯竿束如堆。……”生动形象地描绘了当年众多船舶通过长安坝的繁忙景象。

船过长安坝，在到杭州之前，就进入了上塘河。

上塘河，又名上塘运河，位于杭州东北艮山门，源自施家桥，从杭州江干区丁桥镇进入余杭境内，穿越星桥镇、临平镇，至施家堰进入海宁，再经海宁盐官镇注入钱塘江，全长48千米，流域面积245平方千米。史载，上塘河最早由秦始皇开凿，俗称秦河，是古陵水道的一段。隋大业元年至六年（公元605—610年），隋炀帝开凿大运河时，对它进行了拓宽和疏浚，作为大运河南端经柳浦进入浙江的通道。

上塘河干流连接众多支流，相互沟通。主要支流有和睦港、乔司港、赭山港，它们之间由方家港、羊头坝港互相串通。和睦港过七堡船闸沟通钱塘江，乔司港经过外乔司船闸与下沙地区的诸多河渠相连。上塘河北岸还有白洋涧、龙兴闸、贺家堰、施家堰等小港支流，建有双林船闸，经禾丰港和大运河沟通。河港堰闸，罗织成一张125平方千米范围的灌溉体系和运输网络。

作为杭州水运史上第一条人工河，上塘河在元末张士诚拓浚塘栖武林头至江涨桥新运河之前，一直是大运河进入杭州城的唯一通道和漕运的主要通道。尤其是在杭州成为南宋王朝的政治经济文化中心时，上塘河更是成为南北纽带。当年，宋高宗的生母韦太后南归，就是由大运河转上塘河到杭州的。岳家军的水营打铁关、元军的驻地半山衣锦桥都建在上塘河边。马可·波罗来杭州，走的也是上塘河。清康熙、乾隆两帝南巡时，也曾多次经上塘河入杭城。

「京杭运河杭州段」

上塘运河也是南宋使臣北上，金国使臣南下唯一水道。当时，运河边的赤岸（今星桥镇西）设有班荆馆，为朝廷官驿。金国等北方使者入临安（今杭州）京城前，必先歇此听诏。《周益公年谱》记载："淳熙三年正月，周必大借尚书永宁侯押伴金国贺正旦人使，御筵于赤岸"。乾道六年（公元1170年），诗人陆游离开临安后曾过赤岸。他在《入蜀记》中写有："六月二日，过赤岸班荆馆小休亭。班荆者，北使宿顿及赐燕之地，距临安三十六里。晚急雨，颇凉，宿临平。”

临平现为杭州市余杭区政府所在地，距市区艮山门28千米，是出入杭州的东大门，也是古代拱卫杭州的军事要地。其名在东汉已见诸史册，汉朝时为刘信封地，设置临平郡，晋时已形成集市，北宋端拱元年（公元988年）始建镇，已有1000多年的城镇历史。

由于地处上塘河畔，临平水陆交通便利，是杭州城北的一个热闹繁荣的市镇和商埠，南来北往的船舶无不从此经过。宋朝诗人范成大《临平道中》有“烟雨桃花夹岸栽，低低浑欲傍船来”的诗句。明朝释戒襄有诗《长安坝上河道中》：“三月临平山下宿，沙棠一舟帆数幅”。

元朝末年，江浙农民起义军领袖张士诚割据一方，兵船往来于苏杭之间。由于上塘河河道狭窄，船舶过往不便，张士诚开凿、疏通了一条不经过海宁长安镇，而由崇德向西南经桐乡大麻、余杭塘栖至杭州的新运河。《仁和县志》载，张士诚军船往来苏杭，以旧河为狭，复于武林港口，开浚至北新桥，又南至江涨桥，广二十余丈，遂成大河，因名新运河。至此，上塘河由主为辅，变成了京杭运河的支流。

「杭州运河上的光华桥」

尽管有了新运河，可经长安镇、上塘河的航线并未因此而废弃。明清时，仍是“舟航辐辏，昼夜喧沓”，是大运河的一条重要辅助航道。长安镇仍是“商贩成集”、“万家灯火”的大镇，上塘河也仍然是杭州船舶北上的通道。

岁月不驻，人世变迁。如今的上塘河，早已不见舟楫往来。但作为一条古河，它给今人留下来太多的精神和物质财富。

只要读读那一首首古韵悠悠的诗歌，上塘河昔日的灵光就能一一重现。至于当年那些遗存下来的古桥，就成为独特的历史景观了。

走在上塘河边，除了看到很多以坝命名的地点或小桥，如善贤坝、皋亭坝、姚家坝外，还能亲身体验至今风韵犹存的石拱桥。如桂芳桥、龙兴

「 杭州运河上的老桥 」

桥。桂芳桥旧名茆桥，虽然始建无考，但其拱券内的三条元、明、清修葺纪年的石刻，足可见其古老。元朝方回留下的《过临平》：“记取五更霜显白，桂芳桥买小鱼鲜”就是佐证。

运河是杭州的灵魂，它承载着这个古老城市的厚重历史，也展现着其丰富而深厚的文化。

河脊济宁　河轴泗州

济宁原名济州，是因其地临济水而得名。

济水，是我国史书中记载的四渎之一。即长江、黄河、淮河、济水四大河流。“渎者，水也，河也”。济就是济水，它发源于河南省济源县的王屋山，流经山东入渤海。

古代的济水，碧水清波，是一条独流入海的大河流。

唐代诗人李颀在月夜泛舟济水时写下了“济水出王屋，其源来不穷。濮泉数眼沸，平地流清通”的诗句。望着川流不息，奔流向海的滔滔济水，大诗人白居易也发出了他的人生感悟：“朝宗未到海，千里不能休，惟独是清济，万古同悠悠”。

可惜的是，济水被桀骜不驯的黄河鹊巢鸠占，无情地给生吞了。今山东境内的黄河基本上是古济水的故道，以致人们早已看不到清清济水，很多人甚至不知道济水这条河流了。不过，人们还能在河南的济源县看到它的源头踪迹。因济水而得名的除济宁之外，还有济南、济源（济水的发源地）、济阳（济水的北面）、济阴（济水的南面）。这些地名，是济水的活化石，记录着济水的历史沧桑。

“大水漂济州，济州移任城，人往高处走，济州变济宁”。这首民谣唱出了济宁当年的自然变迁和人文历史。

金天德二年（公元1150年），黄河溃破决口，洪水淹没了设在巨野（今河南巨野县）的济州。巨野是因距其五里外的大野泽而得名。大野泽是黄河浸入济水而汇成的一个大湖泊。济水与大野泽相通，地处大野泽畔的巨野就成了水运码头。五代以后，由于黄河屡次溃决，济水河道南移，大野泽的水域面积不断增大。到了宋元时代，汇成了施耐庵《水浒传》中所说的八百里梁山水泊。现存的东平湖就是其中的一部分。北宋以后，济水畅通，漕运兴盛，济州就成了京东西路最发达的城市之一。施耐庵《水浒传》中所说的济州，就是今天的巨野县城。黄河洪水在淹没巨野时，也淤塞了济水河道。失去航运优势的济州就迁往地势较高的任城（今济宁）。元朝建都北京后，济水虽成枯河，但大野泽仍可通舟行船，水运地位尚在。约在元至元八年，即公元1271年，元朝复置济州府于巨野。然而好景不长，元末明初，黄河多次溃决泛滥，济水、大野泽渐为黄水所淤，水运衰退消亡。自此，盛极一时的济州，最终结束了它以巨野为治的历史，不得不迁往巨野以东的城市——任城，即现在的济宁了。

从地理上看，济宁一名的由来，是因“济水南会泗，北会汶，州居其中，故以济宁为名”。又因巨野一带曾被黄河洪水淹没，而所迁的任城“地势高亢，关津险阻”，“可保安宁”，故名济宁。也有说泗河、洸河、府河交汇于济宁后，一起注入今南四湖，人们取其三水一齐之意曰“济”。因其汛期水势凶猛，水流湍急，而入湖则碧波荡漾，水静波宁，故称之为济宁。济州和济宁，虽然一字之差，却见证了济宁地区的历史地理变迁，也凝聚着人们期盼海晏河清的美好愿望。

济州河开通之后，济宁在京杭运河中处于南控江淮，北接京城的重要地位。“水陆交汇，南北冲要之区”，“控引江淮咽喉”，“处漕渠之中，襟带四方”，“闭则为锁钥，启则为通关”。每当漕运季节，济州河上舳舻相接、樯桅高耸、白帆点点、百里不绝。除了粮船以外，航行在运河上的还有许多官船、商船和民船，南方生产的丝绸、茶叶、瓷器和北方生产的豆、麦、梨、枣等特产，都通过运河进行交易。《元史·河渠志》中说：“舟楫万里，振古所无。”由于济州河上闸口众多，过往船只到济宁必须落帆停靠，等候提闸放水才能通过。每天最多时，停留在济宁的船只上千艘。一时间，运河两岸商贾云集，货堆如山；城内街道纵横，店铺林立，各色

「京杭运河济宁河畔警示船只安全航行的铜钟」

人等，熙熙攘攘，出现了“官舸商舶鳞集，麻拥于济城之下”的兴旺景象，济宁州再现往年济州府的水运繁华景象。

河水一淌，黄金万两。元代，济宁年商税额达白银12403锭，济宁路居北方21路的第四位。

到明代中叶，济宁已发展成一个“车马临四达之衢，商贾集五都之市”的繁荣商业城市。此时，城区定居之民已不下数万家，“商贾之踵接而辐辏者亦不下数万家”。到清代，济宁人口达14万之众，在山东省内仅次于济南和青岛。

经明至清，运河把济宁推向了历史的巅峰。州城内外，通衢要道，运河、越河两岸，各地商贾云集，百业兴盛，市场繁荣，年营业额高达白银亿元以上，市场辐射达周围地区近百县。济宁因河兴商，因商兴市，因市而荣，成为运河沿线上对外商贸的7大商埠之一、全国10大药材市场之一、山东省三大纺织中心之一、烟草业位居全省第一和全国著名的33座工商业大城市之一。

对济宁的空前盛况，许多文人墨客吟诗慨叹：“南通江淮，北达京畿”。“高堰北行舟，市杂荆吴客”。“南船北马，百货萃聚”。“人烟多似簇，聒耳厌喧啾”。“日中市贸群物聚，红氍碧碗堆如山。商人嗜利暮不散，酒楼歌馆相喧阗”。

济宁翻船，京都翻天。元代，每年有100万担漕粮要运抵大都，而济宁一个码头就转运30万担。“济宁通则全河通，济宁不通则全河停”。这是因为济宁居于险要的地理位置。在运河全线，济宁处于海拔最高的位置，有“河脊”之称。城北的南旺号称运河的“屋脊”，海拔高度为39米，比北部的临清和南部的沛县高出30余米，通水十分困难。由于地势太高，水源严重不足，引水通航困难，干旱之年往往是有河无水。济宁段还处于运河与黄河的交汇处，黄河泛滥浸入，泥沙淤塞运河，两河一直处在你死我活的纠葛中。凡此种种，济宁因而备受历代王朝关注。元明清三朝均在济宁设置了众多管理运河的官署机构，“公署机构多于他郡”，故济宁有“七十二衙门”之说。每年数百位司运官员，以济宁为大本营，管理运河事务，节制各省地方官，并统领军队。这些管理运河的行政官员官位高、权势大。虽然济宁在行政区划上同其他运河城市没有统属或主从关系，但济宁在地理客观上的重要性，使得它同沿运城镇有了统属或主从关系。沿运各地无不听命于来自济宁的指令，无不受制于驻在济宁的治运最高权力机构。

公元1855年，黄河溃决改道，夺大清河入海，入海口进入山东省境内。京杭运河被拦腰截断，航线也被切割成以黄河为界的南北两段。由于鲁西南的水无法北流，济宁以北运河逐步处于干涸无法通航的状态，但济宁以南运河尚未断航。

泗州为运河转轴。

古代泗水是淮河下游的一条支流，发源于山东沂蒙山，缓缓向南流淌，流经徐州、宿迁，经泗阳（因在泗水之北而得名）之南，到李义口附近分两条支流入淮阴境内。北支称大清河，向东北蜿蜒到袁集桂塘附近与淮河汇合，其入淮口因流量较大被称为泗口或大清口；南支称小清河，向东南蜿蜒到码头镇与淮河汇合，其入淮口称为小清口，明代嘉靖年间之后称为清口。运河形成后，过往船只必经大清口北上南下，泗口成为交通咽喉。

「中国邮票上供运河船只通过的清江闸」

历史上的第一座泗州城建于北周宣帝大成元年（公元579年）。北周政权为加强泗水运道和南北漕运的管理，在今泗阳县郑楼乡的废黄河畔建城设治，由于临泗水而建，故称泗州。

隋朝统一天下后，隋炀帝于大业元年（公元605年），征发河南、淮北诸郡百余万人开挖自洛阳至泗州（今盱眙城对岸）的通济渠，亦称汴渠、南汴。由洛阳至洛口入黄河，经开封、商丘、灵壁、夏丘，在临淮（非今临淮镇）入淮河。通济渠引汴水由泗州入淮，故入淮处又称汴河口。接着又征发淮南民众10余万人将邗沟改道取直，连接汴河口和末口之间的淮河，长达200余里。

泗州城原有两座土城，东西而置，中间有汴河相隔，十六座桥梁散布于城内城外。南门口的一座浮桥横跨淮水，与对岸的盱眙相连接。

通济渠开通后，泗水的水运干线地位在很大程度上被通济渠所取代，泗水漕运逐渐衰败，泗州城也变得一片萧条。

唐开元二十三年（公元735年），唐王朝为加强通济渠的管理，加速漕粮物资中转，将泗州府向南迁移190里，在汴河口东岸筑城，与唐贞观年间设置的临淮县城隔河相望。至此，泗水之滨的老泗州城结束了它156年的历史，开始它作为淮水之滨新城的历程。这里，溯淮而上可通濠梁、颍寿、信阳诸州府。顺淮而下，可抵淮阴、山阳（今淮安），经运河直达长江。

北宋景德三年（公元1006年），朝廷徙临淮县治于徐城驿（今泗洪临淮镇）后，泗州遂成为跨淮河两岸的重镇。南来北往的豪商巨贾则“多游利于此”，边塞商人甚至外域“越商胡贾”都前来经营。城中设有大型的中转仓，闽越和江淮地区漕粮及其贡品，多到此卸货回程。泗州还设有淮口盐铁院，由中央派出的盐铁官掌管江淮海地区的盐铁经营，防止奸商从中渔利。河里帆樯舟楫往来，河上车马行人鼎沸，漕粮和丝绸从这里源源不断地运往开封和长安。

经过隋唐两朝的发展，泗州城也颇为繁华热闹。宋人有诗曰：“官舻客艑满淮汴，车驰马骤无间时”，写的就是泗州水陆运输的繁忙景象。唐代一位日本和尚在家信中，说当时的泗州和杭州一样繁荣。

朱元璋建立明王朝后，在泗州城北找到了自家祖坟。于是在此大兴土木，建造了明代第一陵——明祖陵，葬下了高祖、曾祖衣冠及祖父的尸骨。每年的各类祭祀活动，使泗州城成为明王朝的“行宫”。

明祖陵的声威给泗州城带来了空前繁荣。这个时期，泗州城中船舶如

「明代第一陵——明祖陵」

流，店铺林立，商贾云集，房舍密集，街巷纵横。它“端衢四达，廨宇双峙，双阙云耸，琼台中天”。建有官衙、儒学署、书院、邮传、驿馆、钟、鼓楼，寺、庙、庵、祠等建筑，还有坛、堂、亭、阁，表、坊、碑碣等。宋熙宁五年（公元1072年），日本僧人成寻到中国交流佛事时，曾舟泊泗州城。他目睹了当年泗州的繁华、活跃的商情和“夜火连河市”的盛景，盛赞泗州买卖宝物、食物如杭州。当时的泗州城，有居民9000余户，是一座繁华的运河城市。

明代的泗州城，共有五座城门——东门回龙桥，西门永宁桥，南门仿岳阳楼建造，北门朝阙楼。南门与西门之间，还开了一个香花门。诸门还建有水关，西门金刚渡，北门铁窗棂。为防洪，城外还建有6道月城，6道月门。城外发大水时，先堵住月门，行人从月城堤上出入。这种形式的古城，国内罕见。

「明祖陵神道」

淮水塔影，长淮浮烟，盱山耸翠，河流环带——泗州城“山水朝拱、风气凝萃”。秀丽的景色吸引了不少的文人墨客，留下了许多著名的诗篇。欧阳修称：“苍云碧天竹色静，暖日扑地花日繁。”苏东坡赞：“澹涓涓，玉宇清闲，望长桥，灯火乱。”北宋著名书法家、画家米芾过汴口时，留下了“京洛风尘千里还，船头出汴翠屏间”的诗句。宋朝文学家秦少游，在《泗州东城晚望》诗中写道：“渺渺孤城白水环，舳舻人语夕霏间。林梢一抹青如画，应是淮流转处山。”

泗州城地处淮河下游，四周平坦低下，城址海拔高程只有6.5米左右，城北又紧滨淮河，这种地势十分不利于防洪。尽管泗州为防水淹，在城外建了六道月城和六道月门，但历史上洪水仍然多次“水漫泗州”。据统计，在贞观三年（公元629年）至南宋绍熙五年（公元1194年）的500多年

「江苏高邮县秦少游牌坊」

间，泗州受洪灾达 29 年。南宋黄河南徙侵汴、泗夺淮后，在明万历六年（公元 1578 年）至康熙十九年（公元 1680 年）的 102 年里，泗州城遭水淹达 29 次，平均 3.5 年就发生一次。明万历 19 年到 21 年（公元 1591—1593 年），泗州连续 3 年大水，洪水翻城而下，鱼游城关，舟行树梢，百姓死者不计其数。

明万历四年（公元 1576 年）七月，一场不算很大的淮河洪汛，就造成泗州城“达旦登城俯瞰，四顾汪洋，城内生灵如坐井中”的险情。康熙十九年（公元 1680 年）夏，黄、淮并涨，黄河又冲决归仁堤，直灌洪泽湖，湖水猛涨一二尺。原先就已险象坏生的泗州城外的防洪堤，终于被猛涨的洪水撕开，分别从城的西北、东北冲开决口，泗州城顿遭没顶之灾，“水深数丈”。城中的灵瑞塔是唯一露出水面的建筑物，在水中如砥柱，人们坐在船上可以摸到城墙上的堞口。康熙二十五年（公元 1686 年）六月，在黄淮的又一次大水中，泗州城被淹没于滚滚洪涛，千年古城“永为鼋鼍之窟。”十年后的康熙三十五年（公元 1696 年），泗州全城被泥沙彻底埋没。

如果说公元 79 年意大利庞贝是毁于维苏威火山爆发，而完整掩埋于火山灰下的古城，那么，泗州就是一座毁于洪水，淹没在水中并被泥沙埋没的完整古城。

泗州城被洪水淹没之后，州治不得不寄治于盱眙。乾隆四十二年（公元 1777 年），泗州移治于今安徽省泗县，州县合一，仍为泗州，但此泗州已不是彼泗州。1912 年中华民国成立，废州为县，称泗县。泗州之名不复存在，泗州古城 1300 年的历史也宣告结束。

泗州城因漕运而繁盛长达 900 多年，却因洪灾沉沦于一旦。

河都淮阴　河城苏州

古代以水之南、山之北为阴，淮阴因地处淮河南岸而得名，由清江浦的开凿而兴旺。

淮阴水陆交通发达。境内京杭大运河、淮沭河、盐河、古淮河、张福河“五水交汇”。

大禹治水，分天下为九州，以淮河为界，北为徐州，南为扬州。《尚书·禹贡》述九州贡道：扬州贡道是“沿于（长）江、（黄）海，达于淮、泗”；徐州贡道是“沿于淮、泗，达于（黄）河”。扬、徐二州贡道以淮、泗水交汇处的泗口为转轴。公元前486年，邗沟开通后，淮阴因为南通吴、越，北达晋、鲁，成为南北交通咽喉，遂成诸侯国争夺的对象。周元王三年（公元前473年）越王勾践灭吴，淮阴属越；周赧王三十一年（公元前284年），楚国攻占淮北之地。公元前241年，楚都从郢（今湖北江陵）迁至安徽寿春（今寿县）。由此，楚国的政治、经济、文化中心转移到淮河中下游一带。在楚统治的60余年中，淮阴是楚国的重镇。

公元前223年，秦灭楚，秦国上卿甘罗在此筑城，设立淮阴县，史称淮阴故城，即今以淮阴区码头镇为中心的周围地带。

> 在吴王夫差开凿邗沟以前，淮、泗两水是沟通长江、黄河的“渠道”。淮、泗两水交汇处的淮泗口，亦称泗口和大清口，为水道咽喉。北上南船均从长江入黄海，由云梯关溯淮河而上，至淮阴故城，向北由泗水而达晋、鲁；向西由涡水、颍水等水道直达皖、豫而入中原。

东汉建安五年（公元200年），广陵太守陈登开凿了邗沟西道，即淮阴到扬州的淮扬运河。淮扬运河的开通，使控扼淮水、泗水咽喉的淮阴城、泗水入淮处的泗州城和邗沟入淮处末口的北辰镇（今淮安楚州）各据冲要，同为南达长江、北达河济、西出中原之绾毂，三位一体，缺一不可。而淮阴居中策应，襟带二口，并西控长淮，成为淮、泗水下游地区的经济和文化中心。

隋唐南北大运河贯通后，泗水仍是重要的南北水上交通辅线。作为漕运、盐运枢纽，淮阴是首都长安与江南货物往来的必经城市。

白居易的诗句“汴水流，泗水流，流到瓜洲古渡头”；唐五代的陈羽的《宿淮阴作》：“秋灯点点淮阴市，楚客联樯宿淮水。夜深风起鱼鳖腥，韩信祠堂明月里”；唐代诗人温庭筠的“酒酣夜别淮阴市，月照高楼一曲歌”、项斯的“灯影半临水，筝声多在船”等，均是反映淮阴河运的经典诗句。唐开元十一年，海州刺史、著名书法家李邕曾作《楚州淮阴娑罗树碑》文并书。碑载：“淮阴县者，江海通津，淮楚区防，弥越走蜀，会闽驿吴。《七发》枚乘之丘，‘三杰’楚王之窟。胜引飞辔，商旅接舻”。唐诗人刘禹锡的《淮阴行》中有“簇簇淮阴市，竹楼缘岸上。……隔浦望行船，头昂尾幰幰”，描述了唐代淮阴城的繁荣。

隋代大运河的楚州和泗州河段，是利用自然河道淮河连接的。泗州以下，特别是洪泽湖水域，淮水宽阔。白居易有诗：“淮水东南阔，无风渡亦难。……春浪棹声急，夕阳帆影残”；皇甫端题《洪泽馆》诗：“底事洪泽壁，空留黄绢词。年年淮水上，行客不胜悲。”船舶航行在这一带十分艰难和危险，尤其是在山阳湾段，由于泗水的汇入，水流甚为迅急，是往来船舶的畏途险境。

北宋时期，由于楚、泗二州之间淮河运道上漕运量增加，过往舟楫增多，每年损失的舟船猛增到170艘左右。为避淮河风涛覆溺之患，在雍熙元年（公元984年）至元丰七年（公元1084年）的100年中，朝廷以淮河右岸的淮阴、洪泽、龟山三大城镇为分野，分期分段，陆续完成了沙河运河、洪泽新河和龟山运河，使数百年来谋求的运河避淮工

「古城淮安的镇淮楼」

程获得成功。从楚州到泗州的运河漕运，不再利用天然的淮河作为运道，漕船免遭覆溺之险，运舟往来无滞。

复线运河航运的通畅与繁荣，使淮阴继续保持运河线上漕运和商品贸易的地位。运河开凿也利于农业灌溉，大量无主荒地得到垦种，耕种面积扩大。当时的淮阴是“黄柑紫蟹见江海，红稻白鱼饱儿女”的鱼米之乡。

北宋中后期，淮阴开始衰落。在熙宁年间中进士的淮阴人张耒，为“苏门四学士”之一。他在《淮阴阻雨》诗和《题淮阴孙簿壁》诗中写下的“渺渺孤舟数家县”、“荒凉官舍对淮流”之句，就是当时淮阴败落的写照。

「淮安总督漕运部院」

之后，“清江浦”漕河的开凿，逐步取代了因古末口漕运而兴起的山阳（淮安）城，成为里运河漕船盘坝入黄北运和淮盐向南转运的口岸。清河县的兴起，也缘起这条漕河，淮阴甚至在一个历史时期被称为清江浦。

清江浦通航后，主持漕政的陈瑄，在淮安、徐州、临清等运河沿线重镇，分别建筑中转粮仓，各自接纳指定地区民船送来的漕粮。他“令江西、湖广、浙江民运百五十万石于淮安仓，苏、松、宁、池、卢、安、广德民运粮二百七十四万石于徐州仓，应天、常、镇、淮、扬、凤、六、滁、和、徐民运粮二百二十万石于临清仓，令官军接运入京、通二仓”。据谈迁《北游录》载，明代的淮安转搬仓就建于清江浦，有40区仓房，皆“坚基广厚，倍于常制”。转搬仓由户部的派出机关——户部分司（今淮安清晏园即其旧址）监理。

此后，陈瑄在这里又创办了清江督造船厂。这个当时中国最大的内河漕船厂建于清江浦河的南岸，处于山阳（今淮安）、清河二县之间，中心位置东距山阳县城、西去清河县城各30里。后来，清江船厂

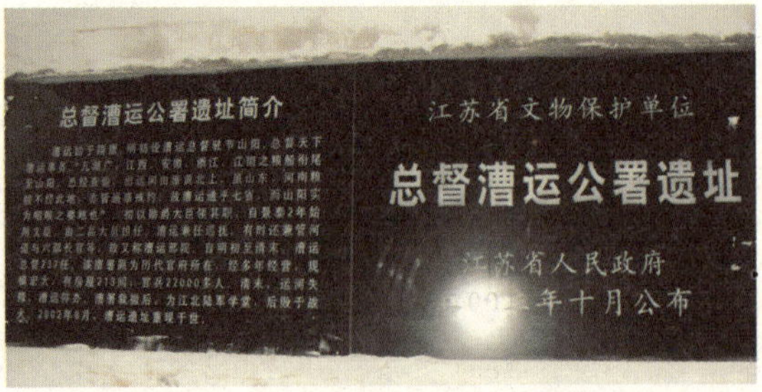

「淮安总督漕运公署遗址及简介」

不断扩大发展规模，拥有4个大厂，80个分厂，工匠牙役商人近万，厂房工棚延绵20余里。清江船厂由朝廷工部的派出机构工部分司监理。

清江浦河的开凿，四道闸的修建，转搬仓的落成，造船厂的投产，给淮阴再一次带来繁荣。往日人烟较少的的“闲旷之地”，成为“侨民宿贾，巨室鳞次”的通商大埠。即使经过明末清初的军事政治大动乱，作为交通枢纽、军事要冲，清江浦仍“居人数万家，夹河生十里”。到清乾隆年间，清江浦达于鼎盛。乾隆四十年，人口达到54万，比同时的汉口、南京的人口还多，不仅是一方之重镇，更是全国的名城。

清末，随着海运的兴起，津浦、陇海铁路的相继建成通车，运河淤塞，漕运废除，盐运亦趋衰落。1912年，国民政府改清河县为淮阴县，清江浦又改称淮阴了。1951年划城区和近郊组建清江市。此后，市、县分合多次，清江市、淮阴市屡易其名。2001年1月1日，淮阴市更名为淮安市。

「素有“东方威尼斯”之誉的水城苏州」

运河水城苏州是一个有着2000多年历史的文化古城，也是一座河道纵横的水城，穿城而过的京杭运河已有千年之久，成为万商交易，财富云集的天堂。古城至今仍然保留着“河街相邻、水陆并行”的双棋盘格局和“三纵三横一环”的河道水系，素以“东方威尼斯”之誉蜚声中外。

在漫长的历史岁月中，苏州段运河经历过几次改道。

苏州段运河北起望亭五七桥，南至江浙交界的鸭子坝，长81千米，占苏南运河总里程的38.4%。它上接无锡，经浒墅关，到寒山寺北侧的铁铃关后东拐，进入上塘河，再进入阊门外护城河，过胥门，南门，再流向浙江。

第一次改道发生在明末清初，改道的主要目的是为了绕开苏州阊门繁华地段。

唐宝历元年五月，苏州刺史白居易为解决城区百姓因有湖泊阻隔去虎

「苏州山塘街夜景」

丘的不便，组织人力挖掘了一条从阊门通往虎丘的河道，名为山塘河。挖出的泥土修筑堤坝，并在堤侧遍种桃李，水边多植莲荷。堤岸边逐渐有人建起房屋和商铺，慢慢演变成一条长约七里的街市，名武丘寺路，即如今的山塘街。山塘河与山塘街的建成，不但方便了引水灌溉、山水泄洪和水陆交通，而且孕育了苏州重要的商业中心，成为苏州繁华的缩影。白居易作诗《武丘寺路》吟咏此事："自开山寺路，水陆往来频。银勒牵骄马，花船载丽人。芰荷生欲遍，桃李种仍新。好住湖堤上，长留一道春。"

白居易履任苏州不到一年半就因病离职。"去年到郡时，麦穗黄离离。今年去郡日，稻穗白霏霏。"苏州百姓为了纪念他，给山塘街取了个别名叫白公堤，还在虎丘建了一座白公祠，以怀念他的治水功绩。

明末清初，人们对运河进行了第一次改道，这次改道工程量并不大，只是利用天然河荡彩云塘，沟通胥江，连接老运河。

第二次改道是在1959年。当年，船民实行合作化后，运河出现长龙似的拖带船队。

> 为适应水上运输的兴起，苏州对老运河进行了裁弯取直，在寒山寺西侧挖掘了一条长800米的新运河，让运输船舶避开寒山寺。新运河过铁铃关后直线南下进入横塘，循胥江过泰让桥，流入苏州护城河，再连接上老运河。

1968年，运河在吴江平望镇西改道。1980年，运河又在平望镇南取道烂溪，从江浙交界处的油车墩进入浙江乌镇市河，绕过嘉兴市流向杭州。

苏州运河段上述改道，只不过是对已有航道的线路进行调整或局部裁弯取直，工程不大，规模很小，都没有改变运河流经苏州城区的历史轨迹，运河的通航状况并未得到根本改善，更谈不上从根本上提高运河的

「1959 年开凿避开寒山寺过铁铃关到横塘的运河」

通航能力。

20 世纪 80 年代，当改革开放越来越深入，运河货运量越来越大，过往船舶熙熙攘攘越来越拥挤的时候，苏州城区段运河仍然曲折窄狭，通航能力根本适应不了航运发展需求。吴门桥的通航孔径只有 16 米，成为横跨在运河之上的一只“拦路虎”，桥洞成了船舶通过的“卡口”，不知吞噬了多少船舶。堵航事件也经常发生，可谓“大堵三六九，小堵天天有”。1988 年 1 月 17 日，苏州河段发生的一起沉船事故，造成苏南运河长达 12 天的停航，受堵船舶上万艘，给船民和沿河经济造成了巨大的损失。

运河改道迫在眉睫！古老的运河吴门桥下，已容不得两船交会。

苏州运河段真正意义上的改道，是在 20 世纪 80 年代末和 90 年代初的第三次改道。

重新选址，新开运河，避开城区，绕经郊区，东去吴县，南下吴江——成为专家和地方政府官员改造运河的共识：只有对苏州段运河进行比较彻底的改造，才能解决现实的航道拥堵问题，才能适应水上运输事业发展的未来。

「已容不得两船交会的京杭运河吴门桥」

1990 年，苏州段运河第三次改道工程开工。建设者按照四级航道，即城区段运河底宽 30 米左右，枯水时水深 2.5 米，水位 2.8 米时，河面宽约 50 米，能通航 500 吨级船舶的标准，在苏州城郊横塘镇南平地开河。1992年6月，工程竣工通航。一条长近9千米的新运河，向东经新郭北侧、五龙桥南侧流入澹台湖，到宝带桥北侧与老运河连接。

第三次改道工程，变运河“穿”城而过为“绕”城而过，实现了“新河”与“旧河”的对接。一字之变，不仅提升了苏州段运河的运输能力，而且也保护了寒山寺、吴门桥、觅渡桥、宝带桥、三里桥、横塘驿站等一大批临河文化遗存。改道工程在苏州运河变迁史上，增添了浓墨重彩的一页。

从1993年3月到1997年8月，苏州段运河又进行了持续5年大规模整治。81千米航道航宽达到60米，水深2.5米，桥梁净高7米，可常年通航500吨级船舶，达到四级航道标准，运能比原来扩大了5倍。

整治10年后的2008年，运河承担了苏州全市2500万吨煤炭和1.5亿吨建筑材料，以及大米、油料和各种农用物资一半以上的运输，成为整条运河货物流量最大的航段，断面货流密度达到0.6亿吨至0.8亿吨。运河上，500吨级货船已成为水运“主角”，800吨级的船舶也屡见不鲜。苏州段运河又不能满足航运发展需求了。

「达到三级航道标准、可通航千吨级船舶的苏州段运河」

2007年，江苏省政府决定投资85亿元，分段实施苏南运河整治工程，使运河全线达到底宽45米，航宽80米、水深3.2米、弯曲半径480米、桥梁净空高度不小于7米的三级航道技术标准。

2011年3月24日，总投资近30亿元的苏州段运河升级整治工程正式启动。工程主要建设内容为：整治航道81千米，改建桥梁21座，新建、加固、修复护岸，新建服务区和停泊锚地等。2014年3月，工程竣工。辖区运河航道从四级提升为三级，通航船舶从500吨级提升到千吨级，通航能力提高了40%。

运河拱桥　古韵犹存

“运河水乡处处河，东西南北步步桥”，由运河孕育的一座座璀璨明珠般的石拱古桥，积淀了深厚悠久的文化底蕴，凝聚了中国政治、经济、文化、社会诸多领域的庞大信息，是至今还活着的文化遗产。

多孔联珠宝带桥

在苏州东南郊的澹台湖和古运河交叉的丁字型湖口之上，横跨着一座长达317米，有着53个桥孔的石拱桥。它始建于唐元和十一至十四年(公元816—819年)，是与赵州桥、卢沟桥齐名的中国古代十大名桥之一，亦是我国现存的建筑年代最早、连拱最多、最长的石桥。

当年，太湖周围的平望、八坼之间地势低凹，成为太湖向运河的泄水通道。由于河湖不分，水面宽阔，风大浪高，江南运河的漕船常在此沉没。为使漕船免遭波涛风险，方便纤夫挽纤，苏州刺史王仲舒在运河西岸修筑了数十里长的吴江塘路，并在太湖的泄水口建造了这座石拱桥。

「 横跨在苏州澹台湖和古运河上的宝带桥 」

为了扩大泄水面积并减轻河水对石桥的冲击力，建造者采用了薄墩联拱的特色工艺。其桥墩厚度只有60厘米，使泄水面积达到85%，居同类古桥之首。53孔的宝带桥中间3孔较高，旁侧50孔较低，桥面狭长而平坦，这种技术不仅减轻了桥体重量，保证了船舶通航和湖水宣泄，也通过扩大泄水面积减轻了河水的冲击力。

传说当年王仲舒为了筹措建桥经费，不惜变卖了束身的宝带。此举感动了当地士坤，也纷纷解囊捐赠，兴工建桥。为纪念王仲舒捐带建桥义举，人们将此桥命名为宝带桥。

进入新世纪后，苏南运河繁忙的水运对宝带桥的安全屡屡形成威胁。

2001 年至 2004 年，宝带桥遭受船舶撞击 18 次。经过有关部门特批，航道部门在宝带桥东侧建造了两个航标灯。2009 年 3 月，又在宝带桥身正前方的基埂上，安装了 19 根 TPU 材质的弹性防撞警示柱，为的宝带桥建立了一道安全防护壁垒。

因寺闻名的枫桥

枫桥在位于苏州城西古运河畔，与古桥镇相伴的是始建于南朝萧梁代天监年间（公元 502—519 年）的寒山寺。枫桥的寒山寺的出名，得益于唐代诗人张继的一首《枫桥夜泊》：月落乌啼霜满天，江枫渔火对愁眠。姑苏城外寒山寺，夜半钟声到客船。当年，张继从运河乘船回故里途中，夜泊枫桥，触景生情，写下了这首脍炙人口的诗歌。从此，枫桥名扬天下，寒山寺的钟声传播中外。

「 位于苏州城西古运河畔的枫桥 」

历史上，苏州古城中的运河是从浒关南下，在寒山寺前东拐，进入上塘河，入阊门外护城河，过胥门、南门，再经过吴江进入浙江。

20 世纪 50 年代中期，为了避开闹市区的狭窄航道，改善通航条件，苏州在寒山寺的西侧开掘了一条 800 米长的新运河，改经横塘，东去吴江，南下浙江，避开了寒山寺和寺前的枫桥、江村桥，以及寺北的铁铃关，有效地保护了寒山寺和阊门古城区以及沿线的古桥。

「 运河、枫桥、寒山寺三位一体，如诗如画 」

从古到今，运河、枫桥、寒山寺三位一体，密不可分。可谓一损俱损，一荣俱荣。一条河、一座桥、一个庙、一首诗，构成了一幅如诗如画、亦梦亦幻的意境，羽化为苏州的一张千年文化名片。

恭迎帝王拱宸桥

2009 年 9 月 26 日，为纪念第三届世界运河名城博览会在扬州举办，国家邮政局发行了一套《京杭大运河》特种邮票，全套 6 枚，最后一枚的主图，就是杭州的拱宸桥。

在古代，“宸”是指帝王住的地方，代表皇位。“拱”即拱手，两手相合表示敬意。每当帝王南巡到杭州时，这座高高的拱形石桥，就象征着对帝王的迎接和敬意，拱宸桥之名由此而来。

「 中国邮票上的京杭运河杭州拱宸桥 」

拱宸桥始建于明崇祯四年（公元 1631 年），清光绪十一年（公元 1888 年）重建，中间几经兴废。此桥长 98 米，高 16 米，三孔，薄墩，边孔净跨 11.9 米，中孔15.8 米，纵联分节，并列砌筑。桥形联拱驼峰，巍峨高大，气魄雄伟，是杭州城古桥中最高最长的石拱桥，也是大运河上的标志性建筑物。古时南下的船舶，只要看到拱宸桥，就知道进入了杭州城。

当年，运河穿城而过。处于运河最南端的拱宸桥一带，曾是杭州最热闹的商业区。舟楫云集，往来如梭，南下北上，日以继夜，形成了有名的“北关夜市”。因拱宸桥西而得名的桥西直街，南起二司殿，东接天香弄，北连桥东街，长约 500 米，宽约 4 米，是人头攒动，摩肩接踵的热闹街市。虽然现存的街区风貌是晚清至民国时期的，但其历史可以追溯到南宋时期，建筑立面可以上溯到明代以前。

从 20 世纪 80 年代起，杭州开始了第一轮城市改造。在穿越杭州市区的运河边，伴随着一栋栋现代化高楼大厦的拔地而起，一些打上运河历史

「杭州城最高最长的石拱古桥——拱宸桥」

记忆的建筑也慢慢消失。由于当时拱墅区城市改造资金不足，拱宸桥西面的街区得以保存。无心插柳柳成荫，当年捉襟见肘的尴尬，反倒为今天的运河杭州段保留了最后的500米古建和拱宸古桥。难得的是，在杭州老城区，像这样反映运河历史风貌的街区，仅此一处。

2006年，杭州整治保护运河，在今德胜路运河桥北边的运河东岸，重建了“御码头”。由运河码头、南薰轩和碑亭3个部分组成的御码头景区，重点还原了古代运河码头的历史概貌，用石刻表现了“南巡盛典”中皇帝从塘栖乘船到杭州的盛况，记录了康、乾两帝南巡的历史，体现了京杭运河的巨大作用以及清朝对运河的重视和依赖。

运河是杭州的灵魂，拱宸桥承载着这个古老城市的厚重历史，也蕴含着其丰富而深厚的文化。

依依相望姊妹桥

在湖州市双林镇不到360米的北栅塘河上，建有万元、化成、万魁三桥，相距并列鼎峙。近看依依相望，远眺层层相叠，有姊妹桥之称，又有凤凰尾之说，为江南罕见。

「湖州双林古运河上的“姊妹”」

双林镇东北距南浔镇约24千米，西北距湖州市约32千米，是江南水乡古镇之一。在历史的长河中，古镇虽经多次改造，但仍然保留着水乡城镇自然的水网体系、特有的街巷格局和传统的建筑风貌。东、西运河穿镇而过，米行埭、港北埭、西荡埭、坝桥埭和木匠埭沿河而建。河街上，永平里、天成里、陆府前等民居，随着油车弄、财源弄、九思弄等古巷延伸。其生产的绫绢，历史悠久，渊源流长，被誉为“东方丝织工艺”的奇葩。古镇的北栅码头和因绢而名的街巷，就有老绢巷、旧绢巷、新绢巷和墨浪河、织漩漾等，以及现今仍然还在生产经营的民间作坊、工厂，都显现了双林绢丝文化的脉络和底蕴。正是绫绢业的兴旺发展，使双林古镇很早就成为江南水乡著名的商埠。

「湖州古运河上的潮音桥(桥中桥)」

“开窗见河，出门过桥”。如果说运河是双林的血脉，那么桥梁就是双林的骨架。为沟通水网，方便交通，古往今来，双林人在纵横交错的河流上，兴建了众多风格各异的桥梁。据《东西林汇考》记载，历史上，双林曾有125座桥梁。虽大部分古桥圮废，但镇区仍尚存21座。其中建于明代的万元、化成、万魁三桥最负盛名。

双林三桥各长50米左右，造型挺拔，气势雄伟，结构巧妙，工艺精湛，具有较高美学价值和文化内涵，在浙江省乃至全国都有一定的知名度。世界著名桥梁专家茅以升在《中国古代桥技术》专著中，就载有三桥的图文说明。

「浙东余姚古运河上的通济桥」

2005年，湖（州）嘉（兴）申（上海）线运河湖州段航道工程开工建设，这是浙江省内河航道建设史上的第一条千吨级航道。如果航道直行穿双林镇而过，就要影响、损坏横跨在运河上的万元、化成、万魁三座古桥。

为了保护好双林古桥，工程建设者最终在确定双林航道改造线路时，对原规划进行了调整。新的路线是，绕开古镇、古桥，避开北栅塘河，在古镇北边开挖了一条5.9千米新运河。这一改一拐，保护了“三桥”文化遗产，提升了以“三桥”为代表的双林桥梁的历史价值和文化品位。

作为社会经济发展历史的见证，三座古桥已成为双林镇的地域标志和文明进步的象征。

百姓祈福广济桥

塘栖镇是杭州的水上门户，京杭运河穿镇而过，乘船水路南至杭州拱宸桥仅26千米。它北通嘉兴、湖州、上海、苏州，为苏、沪、嘉、湖的水路要津，为江南水乡“十大名镇”之一。

塘栖镇上，与运河关联的文物古迹较多，最为出名的是一座横跨在大运河上的广济桥，俗称长桥。是目前古运河上仅存的规模最大的薄墩联拱七孔石桥。

广济桥始建年代不祥。清光绪《塘栖志》卷三《桥梁》载：“通济长桥在塘栖镇，弘治二年建。”如果以此为始，雄踞运河之上的广济桥已历经500多年。广济桥造型秀丽，高峻挺拔，势如长虹，它长83米，高13米，中间最大的石拱跨度为15.6米，北南各有三个对应的石拱，跨度分别为11.8米、8米和5.4米。拱桥两坡各设石阶80级。石栏板素面，栏板两端为卷云纹抱鼓石，共有望柱64根，四角望柱上刻有覆莲。拾级而上到桥顶，可以看到塘栖古镇的全貌。

得水独厚的地理环境，使塘栖成为京杭运河的必经之地。由于过往塘栖段运河的船舶很多，而广济桥太古老，通航孔径小，净空低，不时面临着被船舶碰撞、撞垮的危险。围绕广济桥是“保”还是“拆”的争议，延续了好几年。

「杭州塘栖镇古运河上的七孔广济桥」

1995年，浙江省政府拨

「 杭州塘栖古镇 」

出专项资金 130 多万元，对年久失修的广济桥进行维修加固。1998 年，为减轻运河的繁忙通航对广济桥的压力，杭州市政府又斥资 8000 多万元，对塘栖段运河进行改道，兴建了一条绕开广济桥的复线运河航道。2004 年 9 月，广济桥段老运河封航。至此，命悬一线、岌岌可危的广济桥，将永久矗立在运河之上，再也不用担心受怕，且毫无后顾之忧了。

保住了广济桥，也就保护了塘栖古镇的历史和已深入民心的桥文化。塘栖百姓以广济桥为骄傲。每年正月十五元宵节，这里除了吃元宵、迎花灯、猜灯谜外，还有"走桥"祈福的民俗。据说元宵晚上走的桥越多，得到的福分就越多。每当元宵节晚上，人们成群结队，提着花灯，在河边、桥上游走，远看甚为壮观。

随着现代交通的快速发展，运河以及横跨在运河上的一座座石拱桥慢慢淡出人们的视野，很多古老的石拱桥在城市建设和运河扩建中被毁坏、被拆除，以至以往人们随处可见的石拱桥竟然成为凤毛麟角，从而显得尤为珍贵，是至今还活着的、流动的文化遗产。如何保护这些串联在运河上的一旦被毁便再也不可复得的石拱桥，既是沿河城市无法回避的现实，也是考验决策者智慧识的课题。

运河船闸　今非昔比

北高南低的地势，江河交汇、湖泊交织的地貌，使运河的开凿十分不易，困难重重。人往高处走，水往低处流。北上逆流而上的船只，要想船往高处走，必须借助船闸。

明初鄞县学者张得中在《两京水路歌》写道："所经之处三十六，所历之程两月矣。共经水闸七十二，约程三千七百里。"他从宁波到北京，经过了72个船闸，可见京杭运河船闸之多。

在古代，船闸过闸既难又险。清初诗人吴伟业有诗叹道：岸束穿流怒，帆迟几日程。石高三板浸，鼓急万夫争。

时过境迁。新中国成立后，经过半个多世纪的努力，京杭运河上的船闸，早已今非昔比。

镇江谏壁船闸　承启江南

"京口瓜洲一水间，钟山只隔数重山。春风又绿江南岸，明月何时照我还？"这首脍炙人口的诗，是宋代宰相王安石赴京途中船泊瓜洲时所作。当年他离开南京东郊的钟山，从京口渡过长江，抵达长江北岸的瓜洲，再经大运河北上进京。

京口，就是今天地处长江南岸的江苏省镇江市。

镇江，三面环山，一面临水，山川壮丽，名胜古迹众多，有"城市山林"之称，曾被古人誉为"天下第一江山"。

京杭运河镇江段起自长江和京杭运河十字交汇处的谏壁长江口，由北向南流经京口、丹徒、丹阳至镇江与常州交界处的荷园里进入常州市，全长42.74千米。既贯通长江、太湖、钱塘江，又连接苏北运河，是沟通长江南北两端京杭运河和长江直达水运的主通道，为长江进入苏南通往上海、杭嘉湖（杭州、嘉兴、湖州）地区第一要隘，其得天独厚扼守江口的特殊地理位置，

「镇江金山」

赋予了它与大运河的特殊关系。

镇江段运河，古称徒阳运河，始凿于秦始皇37年（公元前210年）。这段运河地质条件十分复杂。丹阳以北地处丘陵岗地，河道弯曲，岸坡陡峭，拓浚“运河开凿之愈深，则上之坍塌愈速”，挖不胜坍，加上江潮夹沙直接挹注，使河道“水浊不可饮，壶浆半成土”。丹阳陵口地处以极细粉砂质土为主的湖西高平原上，两岸地下水位高，水土流失，岸坡坍塌严重，航道极易淤塞。拓浚时，粉砂夹淤泥泉涌现象严重，“旋挑旋涌、挖不胜涌”，极难开挖成型，是典型的“流沙河”。枯水季节，经常处于断航状态，历来是苏南运河全线最浅、最窄的一个“卡脖子”河段。受长江主泓北移变迁，南岸反复冲淤，历史上曾经形成5个通江口门，并五度移位变迁。5口自西向东，依次为大京口、小京口、北固山甘露港、丹徒口、谏壁越河口。大京口现已成为镇江市的中华路；甘露港明末清初淤塞，改由小京口平政桥进口，穿过镇江市区，出丁卯桥东行接徒阳段运河。后因镇江市区运河淤塞严重，改由丹徒口进口。丹徒口为秦代开辟的入江口门，直到新中国成立时尚能通航100吨级船舶。现京杭运河以谏壁为通江口门，越河口则在兴建谏壁船闸时填塞。

镇江素有“五口入江”之称。镇江段运河特殊的地理位置和复杂地形及水文地质条件，使其成为历代多次整治的重点和难点。其开凿工程之艰巨、工程量之浩大，从开凿、拓浚、完善到正式通航跨越年代之长，均为苏南运河各段之最。

至新中国成立时，镇江段运河及其入江口门已严重淤堵。1955年，中央人民政府对京杭运河制定了“统一规划，综合利用，分期建设，保证重点”的建设指导方针。根据这一指导方针和交通部的规划，1958年至1992年，国家投入大量的人力、物力和财力，集中力量对镇江段运河及其入江口门进行重点整治。

1958年至1966年，镇江按照六级航道标准，对谏壁至丹阳25千米古徒阳运河进行了大规模裁弯取直的初期整治。

1976年2月，一个由6000人组成的“武进县民工团”，浩浩荡荡开进谏壁镇西工地，他们和其他市县的1万多民工一起，在镇江历代开辟的5个运河入江口门之一的越河口，开始实施一个18年前就计划的浩大工程：兴建起谏壁船闸。5年中，建设者用双手把河道挖到了2千米以外的长江。1981年元旦，按通航2×1000吨级船舶三级船闸标准建成的谏壁一线船闸通航，它替代了不同位置的5个运河入江口，成为苏南运河唯一直接通江口门。由于其扼守苏南长江入口的地理位置和规模，谏壁船闸也理所当然成为“苏南运河第一闸”。

谏壁船闸的建成，缩短了船舶航行里程，节约了燃料消耗，降低了运输成本。苏南腹地的金坛、溧阳、宜兴、武进以及常州等市县的物资直接经谏壁闸出江，毋需绕道江阴。从扬州六圩过江的船队，避免六圩至江阴的120千米长江风险，可直接从谏壁船闸进口，经苏南运河直达苏南腹地以及常州、无锡、苏州和上海、杭州等地。船闸运营的第一个月，过闸货物10万多吨，船舶吨位5万多吨，还通过了900多立方米的排筏。当年12月，过闸货物量达到20多万吨，船舶吨位27万多吨，排筏2200多万立方米。14年后的1990年12月，过闸货物量90多万吨，为当年的4倍多。船舶吨位180多万吨，为当年的6倍多。人力船也从统计表格上消失了。

1982年，国家计委批准京杭运河（济宁至杭州段）续建工程。1988年，镇江丹阳陵口段整治被江苏省政府列为国家“七五”期交通建设重点工程项目。1990年至1992年，利用世界银行贷款，17千米陵口“卡脖子”浅段得到重点整治，并与苏南运河全线一起达到按四级航道标准，达到了“初通”的整治目标。

「镇江西津渡古镇」

受当时国家财力的限制，镇江段运河只有谏壁江口段和陵口段达到规划标准，全线并未得到整治，未经重点整治的河段仍处于自然状态。随着水运经济的发展，进入苏南运河的船舶越来越多，越来越大。20 世纪 80 年代末，镇江段运河开始出现堵航。发生在 1993 年的一次堵航，船舶从谏壁江口一直堵到丹阳，一眼看去，运河上只见船不见水。航道等级低、船闸通过能力小与运量大的矛盾日趋尖锐，堵航断航事故不断发生，急待全面整治。

1992 年 10 月 20 日，吕城段、丹阳市河段、辛丰段、大泊段和越河口段等五段 23.4 千米的运河航道，开始按通航 500 吨级船舶的四级航道标准进行全面整治。经 7 万余名建设者历时 5 年的奋力拼搏，1997 年 9 月 20 日，包括镇江段在内的苏南运河整治工程全面完成。

5 年前的 1992 年，镇江谏壁船闸全年过闸船舶通过量仅 20 余万艘，1300 万吨，每艘船舶平均吨位为 64 吨，年过闸货物量为 814 万吨。1997 年 1 至 4 月，镇江段运河尚在筑坝断航。当年谏壁船闸船舶通过量已达 23 万多艘，2400 万吨。1997 年较之 1992 年，谏壁船闸过闸船舶和货物吨位分别增长 82.8%和 76 .2%，船舶平均吨位也从 1992 年的 64 吨增大到 102 吨。

1999 年 6 月，谏壁船闸开始了从单线船闸扩容为双线船闸的建设工程，以改变单线船闸超负荷运行的现状。这是江苏内河航运项目利用世界银行贷款建设的第一座船闸，总投资 1.9 亿元，按通过 1000 吨级船型设计，年通过能力为 2333 万吨。

2001 年 3 月，双线船闸竣工。至此，作为江苏“跨世纪五大交通战略工程”之一的谏壁船闸，年通过能力达到了 4400 万吨。

从 1976 年至 2001 年，42.6 千米镇江段运河航道实现了重点整治和全面整治，共开挖土方 2000 多万方，完成征地 5000 多亩，拆迁房屋 9 万多平方米，新建与完善航道护岸 83 千米，新（改）建 11 座跨河桥梁，复建年吞吐能力 100 万吨级的丹阳港一座，设置 169 块航道标牌，671 根航道界桩，7 座助航标志，植树 15.88 万株，铺植 164 万平方米草皮，全线达到能通航 500 吨级船舶的国家四级航道标准。其中陵口、吕城、辛丰、大泊、丹阳市河、越河口和江口段工程分别荣获茅以升家乡交通工程奖，陵口段还荣获 1995 年度交通部水运工程质量奖。

镇江段运河四级航道通航后，发挥了巨大的水运效益。镇江国内生产总值由 1998 年的 390 亿元增加到 2005 年的 833 亿元。

2007 年 6 月 1 日，镇江市又启动了陵口段航道“四改三”整治工程。整治后航道宽阔、顺直，航宽从 70 米拓宽到 90 米，底宽从 40 米增加到 70 米，原来只能通行 500 吨级船舶的三级航道，提升为通行 1000 吨级船舶的四级航道。

“四改三”工程给运河沿线公司又带来了新一轮发展机遇。

建于镇江丹阳河段的大亚人造板有限公司，2003 年 8 月选址的时候，考虑的就是比陆运低的水路运输低成本。在这个企业每年加工的 60 万吨以上的木材中，水运就占 50 万吨以上。

沿运河而建的柯诺（江苏）木业有限公司、龙江钢铁厂、热电厂、伊斯特物流、鸿泰钢铁等企业，充分利用了运河与长江交汇的区位优势。镇江在运河腹地建立起丁卯、大港、丹阳等省级经济开发区，运河沿岸已初步形成化工、造纸、木器等产业带和企业群。

「镇江古城一角」

位于京口工业园区的鸿泰钢铁公司紧邻运河，其经营的钢材，主要销往杭州和上海等地，量大路远。公司非常看好运河“四改三”后带来的发展潜力。

在苏南运河航道升级的同时，谏壁船闸再次“扩容”的可行性研究也在进行。因为，这个年通过能力为 4433 万吨的双线船闸，从 2006 年起，连续多年年均通过船舶达 25 万艘次，船舶通过量超过亿吨，是原年设计通过量的近三倍。现有通过能力已无法适应，船闸超负荷运行十分严重。随着苏北运河“三改二”、苏南运河“四改三”整治工程的启动，谏壁船闸的通过量还将以较快的速度递增，新建三线船闸已迫在眉睫。

2009 年，谏壁三线船闸预可行性研究报告由江苏省交通规划设计院设计完成。三线船闸布局建在二线船闸东侧，与闸位中心线平行，相距 80 米，按Ⅲ级船闸等级设计，年设计通过船舶总载重吨位为 3900 万吨。设计闸室尺度长 230 米，宽 23 米，深 4 米，为整体式结构型式，以通过 1 拖+3×1000 吨代表船型为标准。

谏壁三线船闸的建设将对船舶标准化、大型化，形成集装箱快速运输通道，进一步完善长三角高等级航道网，实现区域内水运现代化具有重要的意义。

作为苏南运河第一闸，谏壁船闸的兴建和扩建，不仅见证了苏南运河从低等级五级航道到较高等级三级航道的巨大变化，也见证了苏南运河船舶从小到大的历史进程。

「苏南运河上的千吨级船舶」

谏壁船闸初建时，船闸窄小，仅过几十吨的小船。当时船闸工作人员是用一根“渔竿”，围绕着闸室向过闸船舶收费。每艘船过闸一次每吨收费1角钱，空载船舶每吨收费8分。那时常见的载重20吨的船就算大船了，船闸的通过能力十分有限。1985年之后，开始出现载重50吨、60吨、100吨船舶。不过，通过的钢质船舶少，木船和水泥船多。从1990年开始，水泥船逐步淘汰。两三百吨一艘的钢质船舶出现了。2000年以后，水泥船消失了，常见的是千吨级船舶。以前开一次闸，可以通过三四个船队。现在，一个由10艘千吨级船舶组成的万吨级船队要解散，分两三次才能通过。

2004年12月，谏壁船闸过闸货物量370多万吨，船舶吨位600多万吨。2008年12月，过闸货物量达到498万吨，船舶吨位800多万吨。2011年，过闸货物量达到7000多万吨，船舶通过量达1.2亿吨，与当年已不可同日而语。

苏北运河船闸　沟通江淮

没有长江，便没有苏北运河。

处于苏北地区的404千米苏北运河，南北水位落差达31米。南低北高，如果没有江水北调，苏北运河就无水行舟了。

是沿线的一个个节制闸使水往高处流；是沿河一座座船闸使北上船往高处行。

为从根本上改善苏北地区的供水条件，从1951年10月到1952年5月，苏北人民开辟了长168千米，兼有排涝、引水、航运、发电、泄洪等多项功能的苏北灌溉总渠。在灌溉总渠与里运河的相交处，兴建了淮安水利枢纽。在治水的同时结合航运，兴建了沟通淮河和运河的淮安船闸、高良涧船闸。拓浚了四里铺至高邮25.5千米的航道，初步改善了航运条件。1961年，扎根长江，抽引江水的江都一站破土动工，继而兴建二站、三站、四站，均以苏北运河作为输水干渠。在淮阴以北，分别兴建了8个补水站，扩大抽水能力，以补运河水量不足，31米落差的全河段形成了解台、刘山、皂河、宿迁、刘老涧、泗阳、淮阴、淮安、邵伯、施桥10个梯级。通过梯级逐级提水，全线提升水位达30多米，相当于10层楼高，将长江水送至苏北运河沿线，确保了苏北地区用水和运河通航。

江水北调，不仅提高了苏北运河的通航保证率，而且在无特殊旱灾的情况下，可保持常年通航。

「大型船舶通过苏北运河邵伯船闸」

在1958—1961年实施的苏北运河第一期整治扩建工

程中，按照闸室长230米，宽20米，最小水深5米，通航2000吨级船舶的标准，兴建了解台、刘山、泗阳、淮阴、淮安、邵伯、施桥等7座大型船闸。

没有船闸，船舶难以北上南下，有了船闸，又阻碍了船舶的畅行。沿线船闸虽然沟通了南北水运，但又成为过往船舶的一道道“瓶颈”。 待闸、过闸、出闸，往往需要很长时间。苏北运河在扩建工程前，河窄水浅，船闸规模很小，只能通航60~100吨级船舶。很多地方还是单闸，通过能力十分有限。特别是在过闸船舶很多、或者洪水流量很大、枯水期水深不足时，极易造成堵航。

苏北运河日益增加的船舶和不断增长的货运量，使运河上的单闸疲于应付，堵闸现象经常发生，船闸成为堵塞运河动脉的“血栓”。

1984年至1988年，在苏北运河第二期的续建、改建工程中，又自北而南，在皂河、宿迁、刘老涧、泗阳、淮阴、淮安、邵伯、施桥船闸旁，兴建了8座复线船闸，每个船闸的设计年通过能力均为2100万吨。

即便如此，苏北运河船闸仍然处于饱和运行状态，船闸的实际通过能力总是接近或超过设计通过能力，运河上游的解台、刘山的两座单线船闸更成为薄弱环节。

解台船闸为徐州地区重要的水上交通枢纽，为苏北运河的北大门，建于1958年，1962年建成投入使用，年设计通过能力为2100万吨，是鲁、豫船舶南下江浙必经的第一个船闸。刘山船闸在解台船闸之南，是苏北运河上的第九个梯级上的交通枢纽，坐落在徐州市邳州宿羊山镇境内。船闸建于1958年，1961年建成通航。两闸均地处徐州、万寨等煤港的上游，而徐州、万寨港长期以来一直是华东煤炭中转集散地，承担国家西煤东输、北煤南运的重任。来自晋、陕、豫、冀、皖、鲁、甘、宁、青、内蒙等地的煤炭，经解台、刘山两闸，至江、浙、沪、皖等地。由于无法满足众多煤船的过闸需求，船闸经常“卡”大运河的脖子。

上游徐州、万寨两大煤港巨大的吞吐能力，南下煤船的急剧增加，使下游两座单线船闸不堪重负。复线船闸的通过能力是单线船闸的2.3倍。

解台、刘山船闸即便竭尽全力日夜超负荷运转，也适应不了运河繁忙的煤炭运输，压船、压港、堵航、堵闸现象时有发生。

1993 年 6 月 20 日，300 多个船队，8000 多条挂桨机船把刘山船闸挤得水泄不通。船闸上下游待闸船舶首尾相接长达 30 余里。堵闸现象从当年 1 月开始，持续时间长达半年之久。

按通航设计要求，刘山船闸每天只能开 30 闸次，但实际开放 40 余闸次。5 月，刘山船闸通过船舶 256 万吨，创下了全国船闸日开放闸次历史最高记录，但仍然无法缓解堵闸现象。

一闸不通，一河不畅。一面是江南企业等煤进厂发电，一面是北方港口积煤待运，一个“血栓”竟然影响到整条运河和数家企业的效益。兴建刘山、解台复线船闸成为当务之急。

1999 年 12 月，江苏地方政府开始建设年设计通过能力为 2500 万吨的解台复线船闸，3 年后建成投入运行。1995 年，年设计通过能力为 2100 万吨的刘山复线船闸开建，1997 年 12 月建成通航。至此，404 千米苏北运河上的 10 座船闸全部建成为复线船闸。

解台、刘山复线船闸的建成开通，大大的缓解了徐州、万寨两港煤炭压船、压港的运输压力。

2008 年，年吞吐能力为 880 万吨的万寨港，完成进煤量 1005.16 万吨，发煤量 1000.37 万吨，双双突破一千万吨，这是自 2007 年吞吐煤炭双突 900 万吨后的又一次历史性突破，创开港 19 年来最高纪录。

2010 年，通过解台船闸的船队达 5000 余个，单机船 6 万余艘，货物总量 5448 万吨。这一年，万寨港被定为国家煤炭储备基地，库存能力达 200 万吨。

「苏北运河上的运输船队」

2011 年，徐州港货物通过能力达到 6000 万吨。全年完成货物吞吐量 6662 万吨，集装箱 1.9 万标箱。

随着经济的迅猛发展，苏北运河的船舶通过量持续快速增长，沿河的复线船闸也逐渐不适应通航之需了，通过能力不足的矛盾日益突出，船舶待闸现象也愈来愈严重。

「苏北运河长江口门船闸——施桥船闸三线船闸竣工通航典礼」

船舶堵闸，不仅影响了苏北运河的畅通，也给船公司和船民造成很大损失。为从根本上消除堵闸现象，打造便捷、畅通、高效的船闸，江苏省政府在 2000 年全面启动了苏北运河船闸扩容工程。

2004 年底，皂河三线船闸建设工程启动。2008 年 5 月 19 日，泗阳三线船闸建设工程通过验收并正式通航。

施桥船闸是苏北运河徐扬段通长江的口门船闸，两座复线船闸设计通过能力为 8000 万吨，而实际船舶通过量达到 1.8 亿吨。2009 年 4 月，施桥三线船闸按Ⅱ级船闸标准开工建设，设计最大通航船舶等级为 2000 吨级，使用年限可达 100 年以上。2011 年 12 月，施桥三线船闸投入使用。一至三线船闸可一次过闸 12 艘千吨级大型船舶，船闸通过能力提高 50%以上，大大缓解了船舶等待时间过长的现象。

在苏北运河船闸建设史上，2010 年 12 月 28 日这一天具有特别的意义。苏北运河邵伯三线船闸竣工通航，它标志着始于 2000 年的江苏省苏北运河船闸扩容工程，经过整整十年的建设，运河最繁忙区间的淮安、淮阴、宿迁、皂河、刘老涧、泗阳、施桥、邵伯都建成三线船闸，全部实现三线同时运行。

苏北运河 8 座船闸三线建设的全部完工，打通了制约船舶畅行的“血栓”，运河整体通航能力提升了 50%以上，过往船舶待闸时间从原来的 2 至 3 天缩短为 2 至 3 小时。这对提升整个苏北运河的运输能力具有重要意义。

「三线船闸可同时运行的苏北运河邵伯船闸」

2014 年，苏北运河船舶通过量、货物运量、货物周转量再度创下新高，分别为 22.42 亿吨、3.03 亿吨和 529 亿吨千米，同比 2013 年分别增长 10%、11.3%和 8.6%，多项水运经济指标在全国近千座船闸中首屈一指，也成为世界上最繁忙的内河航道之一。

杭州三堡船闸　河通钱江

2005 年 10 月 13 日，沿苏南运河一路考察的中国政府官员和水运专家，在京杭运河最南端的城市杭州，考察了运河与钱塘江交汇处的三堡船闸。

站在三堡船闸上，最先跃入人们视野的，是那条在艳阳下闪光耀金的钱塘江。古老的大运河，在这里结束了它 1700 多千米的长途跋涉，扑入了钱塘江的怀抱。这座现代化的船闸，成为沟通京杭运河与钱塘江的唯一交通枢纽和引河进江的伟大载体，它使船舶得以在钱塘江与京杭运河 2 到 5 米的水位落差下顺利通行。

源源不断的船舶，缓缓通过三堡船闸，向南出江，由北入河。江河在这里衔接，双流在这里奇汇。

是宏伟艰巨、历时 5 年的大运河钱塘江沟通工程的竣工，才带来了大运河的这一壮观和辉煌。

京杭运河从南到北，纵贯了五大水系。由于历史变迁，从元末直到 20 世纪 70 年代，京杭运河实际上与最南端的钱塘江水系并不连通。由于治理废弛，原本贯通钱塘江的大运河，最南端逐渐淤塞，加上通江处改闸为

「 京杭运河杭州段北新关 」

坝，致使江河相隔，航运中断。

新中国成立后，京杭运河杭州段进行了多次疏通和改造。卓有成效和最有意义的治理，是拆除了德胜古坝，新建了三堡船闸，先后两次将大运河向南延伸，使之与钱塘江连通。

德胜坝为元末起义军领袖张士诚所筑。当年，德胜坝以北的运河河道是西湖湖水外泄的通道，水位高于京杭运河水道一米多。张士诚在开凿塘栖古镇至杭州江涨桥段的新运河时，在西湖湖水汇入运河的水口筑了德胜坝隔水，以保证运河船舶安全通行。再往北行的货船，或坝上进城的船舶，则需要用人力、畜力拖拽，才能通过德胜坝。从此，京杭运河最南端就止于德胜坝。

德胜坝与钱塘江相隔仅十余千米，可鸡犬之声相闻，老死不相往来，江河之间，可望而不可及。

1969 年，杭州在建设艮山港时，拆除了已存在数百年的德胜古坝，并疏浚拓宽3.9 千米运河航道，使京杭运河延伸至艮山港。

兴建船闸，引河进江，成为浙江人民的世代夙愿。

这一工程艰巨浩大。需在大运河的终端，即在杭州艮山港到钱塘江之间，重挖一条 7 千米运河，使之与钱塘江相沟通。另外还得在三堡新建一座五级船闸。同时整治杭州市区运河，将仅能通航 100 吨级船舶的弯曲窄浅航道，改造成通航 300~500 吨级的航道。总投资近 7000 万元。

1983 年 11 月 2 日，浙江人民世代盼望的大运河钱塘江沟通工程，终于拉开了建设的序幕。

“大运河钱塘江沟通工程”的重大建设项目，曾多次提出。国民党政府曾经三次提出，最后终成泡影。新中国成立后也因工程浩大，财力不支，多年得不到实施。直到 20 世纪 80 年代初，这一工程才列入国家“七五”交通重点建设项目。

重新开挖的杭州艮山港至钱塘江 7 千米运河，要穿过杭州市区三条交通要道，两条市区公路和沪杭铁路，还有那大大小小，纵横交错的城市下水道。工程需征地 700 余亩，拆迁民房 100 余户，厂矿商店学校 70 余家，计 70 多万平方米，施工受到很多制约。

运河出钱塘江口处工程艰巨复杂。江洪、台风、涌潮、风浪无时不在威胁着工程。建设大军精心设计，精心施工，战胜了种种自然灾害的侵袭，克服了无数困难。

经过 6 年的治理，杭州完成了大运河沟通钱塘江的宏伟工程。工程疏通、开凿了长 6.9 千米，底宽 3.0~4.0 米，河面宽 6.0~7.0 米，水深 2.5 米的河道，并新建了一座沟通运河和钱塘江、可通航 300 吨级船舶的三堡船闸，沟通工程于 1988 年 12 月 30 日竣工。1989 年 1 月正式通航，京杭运河南端终点又从艮山港延伸至钱塘江。

这是一个前无古人，福荫子孙的宏伟工程。新开挖的 7 千米新运河动用土方300 万方，新建 11 座大小桥梁和一座船闸，连同农田水利设施，单项工程计 20 余个。

1989 年 2 月，闸室长 160 米，宽 12 米，深 2.5 米的三堡船闸正式通航运行。这个 300 吨级五级船闸，年过闸货运量为 350 万吨，所有操作系统全部采用中央自动控制系统。当年投入运行后，在限制 40 吨级以下船舶过闸的情况下，通过货运量就达 370.1 万吨。1991 年达 711 万吨，大大超过了船闸 300 万吨的设计能力。

1993 年 9 月，总投资 1 个多亿元的三堡二线五级船闸开工建设。其闸室比一线船闸长 40 米，年设计过闸货运量为 549 万吨。1996 年 12 月，二线船闸竣工投入运行，日均运行 28 闸次，日均过闸船舶百余艘次。它有效缓解了一线船闸超负荷运行状况，使水上通航条

「 在京杭运河杭州段航行的船舶 」

「 处于杭嘉湖水网的浙江嘉善县西塘古镇 」

「 处于萧绍甬水网的湖州南浔古镇 」

件得到又一次改善。截至 2011 年，运行15 年的三堡二线船闸年通过量从 1400 多万吨上升到 3000 多万吨。

三堡船闸有效的通航能力，对地区的物流运输起着重要的支撑作用，已成为促进区域经济发展的重要基础设施。 大运河钱塘江沟通工程的竣工和三堡船闸的建成通航，为古老的京杭运河注入了新的生机和活力，不仅延伸了运河南端出口，提高了整条运河的运量，调剂了运河的水量，提高了水的质量，而且把原来处于分割状态的钱塘江水系、杭嘉湖水网和萧绍甬水网融为一体。

钱塘江水系与长江水系、太湖流域的连结，形成了以杭州为中心的大范围的水运网络，使京杭运河通向了更大、更远的世界，有了更广阔的前程。

运河功臣　彪炳史册

在京杭运河开凿和治理史上，涌现了很多德才兼备的治河功臣。他们恪尽职守，鞠躬尽瘁，用心血和智慧谱写了彪炳史册的治河功绩。在众多的的治河功臣中，尤以元代郭守敬，明代潘季训、白英，清代靳辅最为典型和优秀。

元代　郭守敬引水入京

在元代运河建设史上，有一位人物功不可没，这个人就是精通数学、天文、地理、水利的杰出科学家郭守敬。

正是他，主持设计、开凿了使京杭运河得以南北全程贯通的济州河、会通河和通惠河。

「郭守敬雕像」

郭守敬（公元1231—1316年）生在一个战争频频、改朝换代的年代。出生前，其故乡顺德邢台（今河北邢台市）从大宋的版图划入了金朝的地盘。3岁时，随着金朝被蒙古大军灭亡，他又从金国的子民变成元朝的臣民。

1262年，时年31岁的郭守敬，因为在水利方面表现出来的杰出才能，被老师推荐，受到了元世祖忽必烈的第一次接见。

郭守敬初见忽必烈，就提出了六条水利建议。这六条建议都是他经过仔细查勘后提出来的。其中有一条建议，就是修复、开凿从大都到通州的漕运河道。

元世祖认为郭守敬的建议很有道理，特别是开通大都到通州的运河，深得忽必烈的赏识和重视。

第一次接见后，忽必烈就任命郭守敬为提举，掌管各地河渠的整修和管理等工作，次年又升他为银符副河渠使。

三年后，郭守敬被任命为都水少监，协助都水监掌管河渠、堤防、桥梁、闸坝等的修治工程。1271年，郭守敬升任都水监。1276年，都水监并入工部，他被任为工部郎中。

因京城遭到运河洪水威胁，金王朝将其填塞。此后，进入金中都的元朝不断尝试开凿运河，使之连接通州，进而贯通南北水道。

郭守敬就是元朝委派开凿这条运河的官员。

通惠河的开凿并非一蹴而就，一凿就通的。

金朝开挖的运河，主道经过大都城墙的南面。利用这条被废弃的运河，当然是最经济最简捷的办法。至少，都城以东流向通州城东白河的那一段是完全可以利用的。

但摆在郭守敬面前的问题是，如何解决这段运河的水源？

在大都城的西北，有一座玉泉山。从玉泉山下涌出的清泉在向东流时，分成南北两支。南面的一支流入瓮山（今颐和园万寿山）以南的瓮山泊（今颐和园昆明湖的前身）。又从瓮山泊东流，绕过瓮山，与北面的一支会合，再向东流，成为清河的上源。

郭守敬的设计路线是使流入瓮山泊的这支泉水不再向东，劈开它南面的高地，引其向南，注入高梁河。高梁河的下游原在金朝时就被拦入运河，再加上玉泉山的清泉，运河的水量就得到了补充。

但结果并不理想。因增加的水量毕竟只有一泉之水，流量有限，引来的泉水只是增加了大都城内河流湖泊的水量，对于恢复漕运并没有多大帮助。

郭守敬仔细研究了这次失败的原因，显然，关键还是水量不足。他想到了京郊水量最大、当年金朝曾经作为运河水源的浑河（今永定河）。1276年，他提出了第二个方案：引浑河之水入运河。他利用金朝过去开凿的河道，但在运河上段开了一道分水河。当浑河洪水暴涨汇入运河而危及京城安全时，就开放分水河的闸口，减少进入运河下游的水量，这样就解除了运河对京城的威胁。为了防范浑河泥沙淤积运河，避免陷入当年泥沙淤塞运河的覆辙，郭守敬没有在运河上建立闸坝，因为闸坝会阻碍泥沙的冲走。但是，从大都到通州这段运河河道坡度相当大。河道坡度大，水流就很急，没有水闸的控制，粮船无法逆流而上。结果，这条运河开成以后，只是对两岸的农田灌溉和从西山砍取木材的顺流下漂起了作用，但无济于漕船运输。

15年后，朝廷有人建议开凿滦河、浑河作为运粮的河道。元世祖没有决断，就委派正在太史令任上的郭守敬去实地勘查，再决定是否可行。

至元二十八年（公元1291年），已是花甲之年的郭守敬查勘了滦河与浑河，同时还仔细地勘测了京城四郊的水文、地理情况。当年十二月，他在向元世祖报告查勘结果的同时，提出了开凿通惠河的新设计方案。

经过实地勘测，郭守敬深入细致地分析了前两次引水失败的原因，克服了过去的设计思想的片面性，通盘考虑了水量、泥沙及河道坡度等因素，并重新选择了引水河道路线。

元世祖极为重视并批准了这个十分周密的新方案，命郭守敬兼职都水监，择日动工。

至元二十九年（公元1292年）春天，通惠河开凿工程正式破土动工，参与修河的军民工匠达二万余人。元世祖还令朝廷百官自操畚箕、铁锹参加开工之典。当时挖河场面之壮观，可想而知。新方案是从京北昌平县白浮村神山（今凤凰山）脚下的白浮泉引入，向西流再折向南，一路上汇集一亩、榆河、玉泉等众泉，再截取沙河、清河的上游，汇集流入瓮山泊。由于沿途拦截了所有原来从西山东流入沙河、清河的泉水，众水汇合，滚滚而下，瓮山泊的水量大为增加。众水从瓮山泊，经长河（即高粱河）流入和义门（今西直门）的水关到积水潭（又叫海子，明代叫什刹海）。从积水潭东的万宁桥（亦称步粮桥、后门桥）经大都城皇城的东墙外，流过沙滩、北河沿、南河沿，经御河桥南，出丽正门东水关，再转向东南流入文明门外的金闸河。再从金闸河往东40里流到通州张家湾西的高丽庄，入白河，到通州城。

「北京什刹海公园」

因为万宁桥到金闸河的一段运河均在大都城内，并流经皇城根，故称为“玉河”，又称为“御河”。

从水利成就上来讲，通惠河工程最突出的亮点，是科学正确选择了从神山到瓮山泊这段引水河道。

从昌平神山到大都城的直线距离约 60 华里。白浮泉发源地海拔约 60 米，高出大都城最高处西北角一带约 10 米。看起来，似乎完全可以沿着这条最短的直线路径把水入京城。但实际上这条直线所经地区的地形并不是逐渐下降的。由沙河和清河造成的河谷地带，海拔都在 50 米以下，甚至不到 45 米，比大都城西北地带的地势都低。如果引水线路取直线南下，所引之水都将顺着河谷地势一泻东流而无法流入运河。

在长约 60 华里的路程上，仅仅几米的高低落差非常微小，人眼是不能直接看出的。但郭守敬对大都城和它四周的地形进行过仔细测量，作过深入的研究。所以他所选定的引水线路并不直通京城。他先把白浮泉水引向西，直通西山山麓，然后顺着平行山麓的路线，再引向南。这样不仅保持了河道坡度逐渐下降的趋势，而且顺利地截拦、汇集了从西山东流的众多泉水。后来通航的事实证明，舍弃直线引水，采取迂回西山的路线，确是十分合理的。

通州至大都自东向西地势渐高，大都比通州高出约 20 米。为解决漕船从通州逆流而上大都的困难，郭守敬在运河沿线修建了 24 座节制水闸，节制水流。由于所引之水基本上是清泉，泥沙很少，在运河可以毫无顾虑地修建一系列控制各段水位的水闸，便利粮船平稳上驶。

公元 1293 年秋，白浮泉引水工程和通惠河开凿工程全部竣工。这条从神山到通州高丽庄全长约 160 华里的运河，连同全部闸坝工程在内，只用了一年半的时间，就全部完工了。

通惠河的开通，解决了京杭运河的最后症结，江南的粮食和各种货物源源不断地直接运到大都城的积水潭。玉河上货船来往，首尾相接，千帆争流。

明代 白英分水济运

鲁运河是京杭运河穿越黄河的一段运河。正是这段运河，贯通了黄河水系。黄河以北也称鲁北运河，流经临清和聊城；黄河以南称鲁南运河，从梁山县黄河附近的国那里村至苏鲁交界处的刘香庄，流经梁山、东平、济宁和台儿庄。

鲁运河命运多蹇，屡受西岸黄河的干扰，同时也受东岸水源的影响。元代开通会通河后，黄河向东南流至徐州后与会通河交会，下游夺泗入淮。因此，每当黄河在今河南、山东境内北决口时，洪水就冲向东面的会通河，毁堤阻运。作为鲁运河主干的会通河深受其害，不断被迫横向东移，以至在鲁南的台儿庄形成了水往东流的河道。

鲁运河处于京杭运河全线的最高点，其地势高于南面的江苏和北面的河北，素有“运河水脊”之称。它承上启下，接南连北，穿越黄河，地理位置十分重要。“南控江淮，北接燕京”，“处漕渠之中，襟带四方”。

由于南北水位落差很大，治河工程十分复杂，但古人还是千方百计引汶水和泗水为源，沿途充分利用东平湖、南阳湖、昭阳湖、微山湖等天然湖泊，在运河全线的“屋脊”上开凿了运河，使南北水运联成一线。

鲁运河的开凿，在我国运河史上具有划时代的意义。抉择开凿鲁运河的，是元世祖忽必烈。成就鲁运河的，是以郭守敬、白英为代表的一批水利专家和古代劳动人民。

元朝定都北京后，江南漕船到大都，不论是海运还是河运，都很费周折。

漕船海运是从江苏太仓刘家港起锚，出长江口沿海岸北上，绕过山东半岛，驶入渤海湾，傍岸到直沽（今天津市），然后再循北运河、通惠河达通州再抵京城。海运虽然运量大，费用省，但海上风浪大，海难较多，不及河运安全。

漕船河运路线是沿江南运河北上入淮河，在淮安由淮河转入黄河。由于黄河为西东走向，北上粮船须溯流向西绕至中滦镇（今河南封丘西南约30里），在这里卸船装车，转为陆路运输，到达淇门（今河南浚县西南）再装船运至直沽沿北运河至通州，最后陆运至大都。不仅河道迂回曲折，还有200多里无水道可用。水陆转载，靠骡马大车，运量小，耗费大。肩扛人挑，费时费力，运输成本高，效率也低。

元朝统治者迫切需要一条让江南漕船直达大都的径直而又安全的水道。如何在原有隋唐运河的基础上裁弯取直，开凿一条直穿山东、取道北上的运河河道，实现南北直航，成为元初统治者们亟待解决的大事。

至元十三年（公元1276年），丞相伯颜上书曰："今南北混一，宜疏浚河渠，令远方贡献京师者，皆由此而达，诚万世之利。"（《新元史》卷一五九《伯颜传》），敦促朝廷尽早下决心整修河道。经过认真考虑，忽必烈下旨开凿济州河。

忽必烈将勘察、开凿济州河的任务交给了时任都水监和工部郎中的郭守敬。

在丞相伯颜上书忽必烈前一年，即至元十二年（公元1275年），44岁的郭守敬就主持查勘了河北、山东泗水、汶水、卫河等河道相互沟通的情形，绘制了济州、东平等地以及泗、汶诸水与御河相通的线路图。这次查勘为成功开凿济州河、会通河打下了基础。

至元十九年（公元1282年），按照郭守敬的设计线路，忽必烈派兵部尚书奥鲁赤组织人力，在济州（今济宁市）境内引汶水、泗水为源，向北开河150里接大清河（古济水）。

汶水和泗水都发源于鲁中山地。汶水是大清河的上源，由西向北流；泗水由西向南流，是淮水的支流。两河之间，还有一条名洸水的小河，其流域地势略高于汶水和泗水。运河开拓者分别在汶水、泗水上游各建一座拦河坝，将汶、泗两水集中于洸水，沿洸水河道至济州，进入新开的运河。运河一部分水南流，回到泗水故道，下通淮水；一部分水北流，回到汶水故道，下通大清河，入渤海。

至元二十年（公元1283年）八月，新运河凿成。这条名为济州河的运河，南起济州的鲁桥镇（今微山县），北到须城安山（今梁山县辖区小安山）。沟通了淮水和大清河，南与隋朝开凿的通往扬州、杭州的大运河相接，北与大清河相连。江南漕船可由江淮溯黄河、泗水和济州河，到安山进大清河，入渤海湾至天津，经白河而达通州，比原来经河南水陆转运要为便捷。

济州河段的汶上县南旺，地处鲁中山地的西缘，正好在泗水和汶水冲积平原的最高点上，地势比南面的泗水河道和北面的汶水河道都高，比北端的临清和南端的徐州要高出20米左右，是河道上的“水脊”，因此汶上县南旺镇有“运河屋脊”之称。船舶在通过南旺河道时，由于河床较高，水深降低，流量变小，流速缓慢，航行非常困难。由于多种原因，到元末，济州河基本淤塞不通了。

最初定都南京的明王朝，由于不存在南粮北运的问题，并未意识到运河的重要。随着明成祖朱棣迁都北京，运河漕运才引起统治者的关注。明永乐九年(公元1411年)，朱棣命工部尚书宋礼征调民夫16.5万多人，疏通大运河，并把重点放在鲁运河。

为鲁运河寻找一条丰富的、稳定的水源，是宋礼治河成败与否的关键。

宋礼很幸运。在南旺治水时，他结识了一位志同道合的著名民间农民水利专家白英。

「南旺分水枢纽遗址」

白英是山东省汶上县康驿镇颜珠村人，早年当过运河河工，在治水通航方面积累了丰富经验。白英多年前就在思考如何治理会通河，所以他与精通水利的官员宋礼一拍即合。

正是在这一官一民的通力合作下，成就了整条京杭运河最具科技含量、堪与都江堰相媲美的工程——南旺分水枢纽。

南旺分水枢纽是在汶上县城北的戴村筑坝，截大汶河之水西行，从南旺入济州运河，七分向北流，进入漳、卫；三分向南流，进入黄、淮。即当地民谣流传的“七分朝天子，三分接皇粮”。在当时运河水源南有余而北不足情况下，从南旺分水枢纽分流的汶水，充盈滋润了南从济宁北到临清150千米会通河段，实现了“引汶济运”畅通漕运的目标。

汶上县城北有古称汶水的大汶河。北魏时期，汶水是济水的支流。北宋时期，成为大清河的支流。清咸丰五年（公元1855年）黄河夺清入海后，汶河成为黄河下游最末一条大支流。我国大多数河流自西向东，然而大汶河借地势自东向西，被称为全国最大的“倒流河”。

大汶河长208千米，流域面积8536平方千米，积水面积较广，水源较为充沛。它海拔较高，其坎河口地势高于南旺镇三百余尺。加上河水西流可入运河，完全符合宋礼和白英“引汶济运”的共识。

遵从水往低处流的自然规律，宋礼和白英在大汶河坎河口修筑了戴村石坝。拦截汶河之水。“筑戴村坝，横亘五里，遏汶流”。又从戴村坝至南旺开挖一条八十余里长的小汶河，引汶水济运河，使运河南旺段有了较为丰富的水源。

为充足水源，宋礼和白英又疏导、汇集汶上县东北各山之泉水，汇入小汶河，导泉补源。

小汶河流至南旺后，与运河呈“丁”字相交。宋礼和白英在运河西岸正对着小汶河的入口处，筑砌了一道长约230米的石驳岸。每块护坡石重约七、八百斤，棱角分明，从河底砌到岸上，河底有木桩。每两块石之间有“铁扒口”。“铁扒口”上铸有“分水石驳岸”字样。石驳岸对大门处砌有石阶，3个石阶两旁雕成6个水兽，体卧面积约1平方米。身有鳞，足有爪，两耳竖张，两眼突出，令人望而生畏。沿岸竖有13根石桩，供来往船只挽缆之用。又修筑了一个垂直于石护坡的石砌挡水墙，称为分水“石拨”（相当于“鱼嘴”）。从东而来的汶水受“石拨”的阻挡，被分为南北两股水流。由于这个石拨的形状、角度和位置非常科学，简单而实用，流入运河的汶水流量南少北多，不仅防止洪水冲刷，而且调节了南北分水量。

当地民间流传的“七分朝天子（向北），三分接皇粮（向南）”的民谣，就是对南旺分水枢纽独特分水功能形象而又生动的描述。

为削减汛期河道洪水流量，宋礼、白英利用运河两岸的洼地挖诸湖，建“水柜”，筑斗门，以调节运河水量，逐渐形成了独山湖、马踏湖、南旺湖等湖泊。夏秋水盛时，通过斗门将洪水泄入湖泊；冬春运河水量不足时，再将湖水放入运河，以补运河水源之不足。这样，既减轻了小汶河下游的洪涝灾害，又能保证枯水季节运河航行不致中断。

为调节水量，宋礼、白英在河道上修建了多座水闸。《明史·宋礼传》载：“北自临清置闸十七；南至沽头置闸二十有一。”所置水闸，值人看守，层层节水，以时蓄泄。“分水龙王庙二闸尤重要，最易斟酌，若浅于南，则当闭北闸，使分北之水亦归于南；浅于北，则闭南闸，使分南之水，亦归于北。”

据史料记载，宋礼和白英为了修建南旺分水枢纽，足足用了八年的时间，一直到永乐十七年（公元 1419 年），南旺水利枢纽工程才初步形成。

2008 年，山东省考古所到南旺进行考古发掘。很多当地老人回忆说，20 世纪五六十年代的时候，南旺段运河仍可以通航。也就是说，从明初开始，直到 20 世纪 60 年代，南旺分水枢纽一直在发挥作用。”直到一条新运河的开凿以及小汶河的改道，南旺分水枢纽才停止使用。

南旺分水枢纽工程，以漕运为中心，引汶济运，疏河济运，挖泉集流、蓄水济运，泄涨保运、增闸节流，科学地解决了引汶、分流、蓄水和排洪等重大复杂的技术和实践问题，蓄泄得宜，运用方便，保证了南北过往船只的顺利通过，使京杭大运河畅通五百余年。

缘于此，从朝廷到民间，对白英的智慧和贡献给予极高的评价。康熙皇帝感叹的说：“朕屡次南巡经过汶上县分水口，观遏汶分流处，深服白英相度全之妙。褒奖之情，溢于言表。永乐皇帝追封其为“功漕神”，乾隆皇帝勋封其为“永济神”，光绪皇帝勋封其为“白大王”。

「南旺分水龙王庙旧址」

明清两朝，在南旺汶水与运河的交汇处，陆续修建了以分水龙王庙为代表的颇为壮观的建筑群，纪念包括白英在内的历年治水功臣。

有趣的是，建于汶运交汇处的“南旺分水龙王庙”大门上，有一副对联：北去三分朝天子，南下七分接皇粮，与民谣正好相反，这引发了后人对南旺分水比例的探讨。

《明史·宋礼传》记载：“南流接徐、沛十之四，北流达临清者十之六”。《汶上县志·白英老人》记载：“四分南流达于淮泗，六分北流达于漳卫”。明李鐩的《宋尚书祠堂记》记载：“以其三南入于漕河，以接徐吕；以其七北会于临清，以合漳卫”。清张伯行在《居济一得·南旺大小挑》中记载：“不知始自何年，竟改为七分往南，唯其七分往南，所以每逢雨涝之年，济宁、鱼台、沛县一带，民田往往淹没……不知始自何年，竟改为三分往北，唯其三分往北，所以每逢亢旱之年，东昌一带往往浅阻。”

南旺分水枢纽工程无论南北分流是三七开、四六开、五五开，甚至倒三七开，都是京杭运河建设史上的一个奇迹。

明代　潘季训治河保运

明嘉靖三十一年（公元1552年）黄河决口，水淹徐州，淤40里。明万历二年（公元1574年）8月，黄河在砀山决口，淮河亦在高家堰决口东泄，徐州、邳县、淮河南北淹没千里，徐州城内进水。

万历十八年（公元1590年），洪水大溢徐州，城中积水三尺，房屋倒塌，人心惶惶。渍水在城中愈年不退，朝廷有些大臣甚至动议迁城改河。

时任总理河道大臣的潘季驯，不顾年迈七旬，体弱多病，亲自到徐州

「河南开封博物馆」

调查积水情况，坚决反驳关于迁城改河的议论。他说，徐、邳一带的黄河两岸，低于河道的有徐州、邳州、宿迁、清河等多个州县城池，而河南省城开封更是低于河道一丈还多。以上城池中，除了宿迁县城在万历七年（公元1579年）迁徙到山麓之外，其余城池都是靠护城堤保护，长期以来并无因积水迁城之事。他写信给工部尚书曾同亨，说徐州河高于地非一日所积，要动用人力，使河改道，谈何容易！何况即使改道，以黄河的淤积情况，河高于地的状况也终不可变。改河只能是在耗费巨大的人力物力之后，得到更糟的结果。

徐州古称彭城，历史悠久，人文荟萃，是著名的帝王之乡。历代徐州籍的开国皇帝除刘邦外，南朝宋武帝刘裕、南唐烈祖李昪、南朝齐高帝萧道成、梁武帝萧衍、后梁太祖朱全忠等都是徐州籍，故徐州有“九朝帝王徐州籍”之说。

徐州北扼齐鲁，南临江淮，交通四通八达，享有“第一要津，两水汇通，连通三沟，四方都会，五省通衢”的美誉。由于地处古淮河支流沂、沭、泗诸水的下游，以黄河故道为分水岭，形成了北部的沂、沭、泗水系和南部的濉、安河水系。境内河流纵横交错，湖沼、水库星罗棋布，黄河故道斜穿东西，京杭运河横贯南北，东有沂、沭诸水及骆马湖，西有夏兴、大沙河及微山湖。境内210千米京杭运河连通了微山湖和骆马湖两大湖泊，沟通了丁万河、荆马河、徐洪河等河流水系。

徐州的窑湾古镇，位于运河与骆马湖交汇处，四面环水。南有大运河，西有老沂河，北有小山河，东有护城河，中有后河。古镇始建于唐朝初年，素有“东望于海，西顾彭城，南瞰淮泗，北瞻泰岱”之描述。

徐州的历史，也是一部运河史。作为大运河的漕运枢纽，明清时期的徐州，漕船、商船北上南下，水运繁忙，贸易兴旺，都市繁华。“一切布、帛、盐、铁之利，悉归外商”，“百工技艺之徒，悉非土著。”

明永乐皇帝在徐州设置了广运仓，与当时德州、淮安和临清一起为四大转运仓。至万历年间，徐州商贸业达到鼎盛，城市扩大，人口增加。据记载，当时有“街十四，坊二十一。户三万七千八百四十一，口三十四万五千七百六十六”。

窑湾历史上虽系一集镇，却一镇两辖，镇内由东宁、中宁、迎熏、西临四大部分组成。分别以南北两条大街为经，东西两大街为纬，连通其他街道相互交错，并在各交叉口建一座过街楼，互相呼应，构成独特格局。直到 1914 年前，窑湾都没有桥，进城全靠渡船。后来东城门和北城的护城河上建了吊桥，白天人们由吊桥出入，夜间吊桥提起，城门关闭。

隋唐开发大运河时，窑湾南街被斜削去一部分到河南岸。岸南称窑湾西小街，岸北为窑湾水旱大码头。南北漕运粮食和东海运来的食盐都在此码头装卸、中转。明、清漕运和海运鼎盛时期，窑湾为扼南北水路之要津，方圆百里的农副产品大都集中在这里装船远运。从南方水运北来的棉布丝绸、火柴煤油、食品卷烟等生活品，也多在窑湾卸船后转销各地。当年窑湾街道青石铺面，沿街两厢货栈、钱庄、当铺、丝绸店、鞋帽店、药房、粮行、酒馆等鳞次栉比。现仍存有明清古建筑等约 800 多间。

因水运而兴，因运河而旺的徐州，也屡遭洪水之困，深受黄、淮两河之害。

史上，徐州大运河河段，与黄河、淮河的关系十分密切，其中徐州以下一段黄河本身就是运河河道。黄河溃决，淮河泛滥，运河首当其害；黄河淤积，运河自然不通。但如果没有淮河的水不断补充运河，运河水量不足，船只搁浅，也无法承担繁重的漕运。

黄河、淮河和运河三河之间的缠绵纠结，使得从明朝起，围绕先保漕运还是先治河，是只治运河不治黄河，还是“黄运一体”统筹兼顾，朝廷官员往往争论不休，成为治河修运的根本分歧。潘季驯坚持统筹兼顾，治河保运，“黄运一体”。

潘季驯派河道官员查清了徐州积水的原因，并组织人力，于万历十九年（公元1591年）二月初二动工，开挖一条全长162里的徐州泄水支河。一个月之后，工程告竣，开渠泄水。因为支河比城中地面低五六尺，开渠之后，城中积水“浩荡南奔，昼夜不息。濠水泄出城根，城水泄出旧址”，“一旬之间，濠水消落四尺三寸，城水消落三尺二寸”，徐州城中积水泄尽，“徐城已危再安，士民既徙复还”。因这条支河流经徐州奎山，所以叫奎山支河。

奎山支河的开凿，使徐州城结束了被黄河倒灌的历史，这是潘季驯第四次治河的一项重要工程。至今，徐州奎山支河仍在，日夜流淌不息的河流，记录着这一段不平常的历史。

潘季驯认为，治理徐邳、淮扬运河的根本在于治理好黄河。在第三次治理淮扬地区河道时，潘季驯就预见到徐州以北河段的存在问题，并向朝廷上了《修筑徐北堤工疏》、《黄河来流艰阻疏》等，反复强调徐州以北的北直隶、河南、山东地区境内黄河大堤的修复和防护问题。在《黄河来流艰阻疏》中，他叙述了自己曾目睹了南直隶萧县、砀山一带“一望弥漫，民无粒食，号泣之声，令人酸楚”的情况，又看到萧县县城“城外环水为壑，城中潴水为池，居民逃徙，官吏婴城难守”的惨状。当时他就指出，造成这种惨状的关键不在徐邳河段，而在其上游的徐北河段。只是因为这一段没有涉及到运河的漕运，所以没有引起人们的注意。很多人只看到徐州小浮桥以下河水泛滥，而没有考虑小浮桥以上的河道情况；只看到徐邳淮扬地区，而忽略了徐北的北直隶、河南、山东地区。在《申饬徐北要害疏》中，他再次强调了北直隶、河南、山东境内黄河河道的危险情况。

明代前期对黄河的治理，基本上采取的是北岸筑堤障水，迫水南流；南岸开浚河道，以免淤塞的措施。其结果是造成了沛县、邳州以下河水泛滥决溢，河患不断。徐州淮河之间的大片地区成为黄河的泄洪区，人民生命财产没有保障，国家经济也因之遭受重大损失。潘季驯通过对前人经验的总结，认为要治理河道，首先要固定河槽，束水归之。要束水归槽，就一定要重视堤防的作用。他说：“臣窃惟治河之法，别无奇谋秘计，全在束水归槽。束水之法亦无奇谋秘计，惟在坚筑堤防。”所以在四次治河中，他一反前人或徙民让水、或疏之以导的做法，坚持坚筑堤防，挽水归槽，以水攻沙，以水治水。

从公元1565年到公元1588年，从45岁到年近70，从朝廷第一次任命到第四次任命，担任总理河道大臣的潘季驯，先后四次在徐邳、淮扬地区治理黄河和漕道淤塞、漕运不畅的运河。

期间，他曾因治河治运思想方针和措施不被朝廷高官，包括身居内阁次席张居正的理解而被罢官。如公元1572年，潘季驯就因为黄河的一次决口，近百艘漕船倾覆被弹劾罢官。他们认为潘季驯坚筑堤防，挽水归槽的方法不能保证漕运，还是主张开新河。

但实践证明，潘季驯“黄运一体”统筹兼顾治河治运方略是正确可行的，这才有了朝廷对他的四次任命。

潘季驯在第二次奉命治理徐州至邳州的河道时，有人提出放弃故道，从睢宁另开新河。这样虽然可换来漕运的一时畅通，但开新河不仅需要动用大量的人力物力，而且睢宁县百姓的生命财产还将付之东流。潘季驯坚决反对以千百万老百姓的生命作为治河的代价，没有采纳开河方案。

「江苏复建的朱元璋祖陵——明祖陵」

第三次治水，潘季驯“筑高家堰堤（今洪泽湖大堤的前身）六十余里，归仁集堤四十余里，柳浦湾堤东西七十余里，塞崔镇等决口百三十，筑徐、睢、邳、宿、桃、清两岸遥堤五万六千余丈，砀、丰大坝各一道，徐、沛、丰、砀缕堤百四十余里，建崔镇、徐升、季泰、三义减水石坝四座，迁通济闸于甘罗城南，淮、扬间堤坝无不修筑”之后，“高堰初筑，清口方畅，流连数年，河道无大患”。

但是，潘季驯治河，面临着一系列的问题。除了保运河漕运之外，还要保明祖陵（朱元璋祖陵），不能发生水灾等。

所以，潘季驯只能采取筑堤的工程手段，以束水攻沙和淤滩固堤的方式延长河堤的寿命。这种方法虽然一度堵住了黄河决口，修复了部分黄河故道，重新开通了漕运，但并没有从根本上解决问题。后来，黄河还要改道夺淮、夺泗、夺运，运河也还是因黄河改道而遭废弃，泗州古城淹没于洪水之下，苦心保护的明祖陵因改朝换代最终还是被洪水淹没。

万历十九年（公元 1591）九月，淫雨连绵，黄淮暴涨，泗州大水。尽管一年前潘季驯才修了护城堤，采取了一系列措施，但由于泗州城所处的地势太低，所以仍未能免去淹溺之患，而且这次被淹的情况十分严重。“州治淹三尺，居民沉溺十九（十分之九），浸及（明）祖陵。而山阳复河决，江都、邵伯又因湖水下注，田庐浸伤”。灾情重大，朝议纷纷，朝廷派工科给事中张贞观前往勘察水情。

此时的潘季驯，已是古稀之年。71 岁的他不顾自己病体沉重，“不胜步履，舆疾入舟。亲诣徐、邳、淮安等处沿河一带，随处栖泊督察”。由于行走不便，不能亲历险工，只能“病伏舟中，栖泊邳州地方，勉强扶疾”，对受灾地方一一勘察，主持赈济灾民事宜。

此后，潘季驯多次乞休，但未得批准。直到 72 岁，才获朝廷准辞告老还乡。万历二十三年(公元 1595)，一代治水名臣潘季驯在湖州乌程故居溘然逝世，享年 75 岁。

清代 靳辅河运共治

康熙十六年(公元 1677 年)三月，在安徽巡抚任上已经 6 年的靳辅，被康熙皇帝提升为河道总督，官衔全称为“总督河道提督军务兵部尚书兼都察院右副都御史”。这一年，靳辅 45 岁。

靳辅出任河道总督之日，正是黄河、淮河泛滥成灾、京杭运河受到严重影响，江南漕粮运输受阻、不能顺利运抵北京之时。

当时的状况是：黄河自安徽砀山直到下梢海口，南北两岸决口七八十处，沿岸人民受灾，到处流浪，无家可归。黄河倒灌洪泽湖，高家堰决口三十四处。高邮的清水潭由于久溃，下河七州县一片汪洋。康熙十五年(公元1676年)，一场大水导致盱眙县翟家坝淮河决口，形成九条支河，而京杭运河清口河段却涓滴不出，变为了陆地。

据受康熙帝派出勘察河工的工部尚书冀如锡报告，黄河河道不仅年久失修，而且缺乏得力的治河人才。他说现任河督王光裕根本不具备治河才能，其计划修的几项工程，大部分以钱粮不足未动工，建议撤销他的职务。

在黄河、淮河、运河三河都存在严重问题，一些人束手无策的情况下，作为康熙帝的首选，靳辅三月在京受命，四月六日便到宿迁走马上任。

在两个月中，靳辅深入河道作调查研究。他踏着泥泞的河岸，上下千里，观察河水形势，访问水情民意，广泛地听取各方反映。他在给康熙帝的奏疏中说："毋论绅士兵民以及工匠夫役人等，凡有一言可取，一事可行者，臣莫不虚心采择，以期得当。"

正是这种雷厉风行、亲力亲为、不耻下问的作风，靳辅了解到三河的真实情况，发出了"河之坏极矣"的感叹，产生了把三河尽快治好的动力，获得了治河、治运的正确方针。即"审其全局，将河道运道为一体，彻首尾而合治之"。

靳辅认为，在黄河河道极坏的情况下，不能"以尺寸治之"，只顾一点、不及其余地治理，只会无济于事。他主张从整体上采取措施，把河道、运道合起来共同治理。强调治理黄河关系沿河数省的安危。如果只注意解决运河的漕运问题，放纵黄河任意冲刷，运道也不能保证畅通。

他说："运道之阻塞，率由河道之变迁。向来议治河者，多尽力于漕艘经行之地，其他决口，以为无关运道而缓视之，以致河道日坏，运道因之日梗。"

康熙十六年七月十九日（公元1677年8月17日），靳辅在调查研究3

个月之后的这一天，一连给康熙帝上了八道疏书，八疏皆冠名“经理河工”，四疏讲治黄治淮，一疏讲治运河，其余讲治河管理，如筹集钱粮，裁并河官，选贤任能及设兵守护等，在千年治河史上留下了“八疏同日上之”的佳话。

靳辅治河的目标是:“已淹之田可耕,见在之地可保,运道可通,额课可复”。

「黄河三峡之一——炳灵峡」

一日上八疏，体现了靳辅治河的迫切心情、恪尽职守的作风和胸有成竹的勇气。

靳辅的“八疏”，即治河设想被基本通过以后，他就主持兴工了。因工程浩大，其间经常遇到困难和争论。认为靳辅忠诚、果敢、沉着、意志坚强，可以担当大任的康熙帝，力排众议，信任和支持他。感激皇帝“知遇之恩”的靳辅，不畏艰难险阻，不计较个人得失，干出了一番事业。

治运，必先治河。治河，欲使下流得治，必治好上流。

清口是黄河与淮河交汇的地方，云梯关又是淮河、黄河入海的必经之路。靳辅首先在清口开四道引河，疏浚清江浦至云梯关的河道，创筑束水长堤，堵塞十六处大决口。为防止黄河下流决口，靳辅又在上流的萧、砀、宿迁、桃源、清河等县河的南北两岸，建筑了13座减水坝。每座坝均建有7个涨水时可以宣泄洪水的洞口。

这便是“八疏”中第一至第四疏的治河方案：疏浚上流清口淤淀，“上流有淤淀之处不及早疏通，则淮水直下之时难免阻滞散漫之患”；疏浚黄河下流，开凿新的引河，使黄、淮下注，新旧河合而为一；培修残缺堤岸，下筑坦坡，使水来至此平漫而上，顺缩而下，不致怒激崩冲；筑两岸大堤，以新挑之土筑堤束水；筑土御水，堵塞黄河、淮河各处决口。方法是密下排桩，多加板缆，用蒲包裹土，麻绳捆扎而填之。为完成这项工程，在200天内，每天有12.3万多民工挑河、堵口、筑堤。

治理京杭运河的方案集中在第五疏。按照治运方案，靳辅疏浚运河河道，堵塞决口。“自清口至清水潭二百三十里皆须大为挑浚，以所挑之土倾于东西两堤之外，西堤筑为坦坡，东堤加培坚厚。”

治河之初，东南水患益深，漕道益浅，靳辅提出了“河、运宜为一体”的治理方针。运河自清口至清水潭，长约230里，因黄河水内灌，河底淤高，居民每遭水患，漕船也被阻梗。

康熙十七年（公元1678年）三月，靳辅在一年之内，调集人工，对这段运河进行挑浚，对清口进行深浚。堵塞清水潭、大潭湾六个决口和翟家坝至武家墩一带决口。为筑江都漕堤，塞清水潭决口，靳辅到现场观察。清水潭靠近高邮湖，靳辅就在湖中离决口100多米的地方，修筑了一道长约2千米的偃月形西大堤，又开凿一条近3千米的新河，受到康熙帝的表彰。康熙赐名新挑河为“永安河”，新河堤为“永安堤”。

靳辅治河另一重点是改变运河的运口。从明朝以来，由于黄河内灌，潘季驯治河时将南运口移至新庄闸。由于这个运口距黄、淮交汇处太近，黄水仍然不断内灌，运河逐年垫高，年年需要挑浚。加上黄、淮会合，潆洄激荡，载重大的漕船出口，特别危险。

在康熙十八年一月至四月间，靳辅从新庄闸西南开凿一条新河至太平坝，又从文华寺永济河头开新河经七里闸，转而西南，亦至太平坝，皆至烂泥浅，将运口移在烂泥浅的上游。由于这个运口“距黄、淮交会之处有十里之遥，从此再无淤淀之患，即使重运过淮，扬帆直上，也如履平地”。

康熙初年，漕船到宿迁，由山东濮县南的董口北达。董口淤塞后，改为骆马湖。而漕船从七里闸出口，经骆马湖到窑湾，需走八十里。此段路程湖水浅，水面宽，夏秋则水涨，冬春则水涸，重运多受阻。靳辅主持在骆马湖旁开浚一条皂河，长四十里，上接泇河，下达黄河，漕运从此不再受阻。

由于黄河的变迁夺去了淮河入海的通路，不仅淮河自身为害，也造成入淮诸水皆泛滥成灾。康熙十五年的大水导致淮河大小决口34个，形成九条支河。康熙十八年（公元1679年），靳辅大浚清口、烂泥浅、裴家场、帅家庄等引河，堵塞所有决口，让淮水全部从清口流出，再汇黄河水东下。

> 靳辅治河，因势利导，随时制宜，标本兼治。他既不全盘否定前人的经验，如主要采用明代治河专家潘季驯的“束水攻沙”方法，措施也不千篇一律，如“寓浚于筑”等方法的创新。“有必当师古者，有必当酌今者；有须分别先后者，有须一时并举者”。

由于治河工程大、时间长、耗费大，其间又免不了黄淮水患，所以靳辅治河屡遭争议和质疑，甚至被罢了官。

康熙二十二年（公元1622年）七月，即靳辅治河6年之后，康熙在向户部尚书伊桑阿、学士胡简敬等询问河道情况时，他们都说河归故道，船只往来无阻。康熙帝高兴地说：“前见靳辅为人似乎轻躁，恐其难以成功。今闻河流得归故道，良可喜也。”

> 在康熙二十二年以前，靳辅基本上解决了黄河、淮河复归故道的问题，京杭运河由此畅通。

康熙二十三年（公元1684年）十月，31岁的康熙帝南巡。靳辅陪同康熙帝详视黄河、淮河、运河的水势、灾情及治河工程进展。二十一日，康熙帝对靳辅讲了自己的感受和对治河的意见。十一月十四日，在回京的路上，康熙帝亲笔把所著《阅河堤诗》赠给靳辅。诗中写道：“防河纡旰食，六御出深宫。缓辔求民隐，临流叹俗穷。何年乐稼穑？此日是疏通。已著勤劳意，安澜早奏功。”此诗表明，康熙帝特别重视治河，他看到沿河人民生活的穷困，认识到只有把黄河治好，人民才能安居乐业。诗中勉励靳辅在已有的成就基础上，再立新功。

两年后，靳辅在宿迁、桃源、清河三县的黄河北岸堤内，开了一条名为中河的新河。又在清河西仲家庄建闸，引栏马河减水坝所泄的水入中河。此河上接张庄口及骆马湖清水，下历桃、清、山、安，入平旺河达海。漕船初出清口浮于河，至张庄运口，可少走黄河 180 里险路。康熙二十七年，中河修成。

史上对靳辅开中河评价很高："中河既成，杀黄河之势，洒七邑之灾，漕艘扬帆若过枕席，说者谓中河之役，为国家百世之利，功不在宋礼开会通，陈瑄凿清江浦下。"

康熙二十八年（公元 1689 年）正月，靳辅被召扈从康熙帝南巡阅河。二十三日，查看中河时，康熙帝问他："尔当日如何筹画开浚中河？今又云何？"靳辅回答说，他是根据康熙帝以前巡视河工提出的任务想出来的。开浚之后看到不但可以解决水淹民田，还能通漕船，如令漕船由此通行，可免黄河一百八十里之险。

康熙帝此次南巡时，江淮百姓、船夫都称赞靳辅，念念不忘他的好处。又亲见靳辅所疏理的河道及修筑的上河一带堤坝，的确卓有成效，又见他实心办事，勤勤恳恳，觉得以前对他的革职处分太重，便下令恢复其从前的衔级。

康熙三十年九月，奉命同户部侍郎博际、兵部侍郎李光地等阅视黄河险工，行前康熙帝特别提到靳辅"于河务最为谙练"。

「康熙皇帝画像」

康熙三十一年（公元 1692 年）二月，河道总督王新命勒取库银六万零七百两事发。康熙帝由此更加重视河总人选。他说："倘河务不得其人，一时漕运有误，关系非轻。"他比较了几个可供任命的人选，决定罢免王新命，重新起用"熟练河务及其未甚老迈"的靳辅为河道总督。康熙帝说这可以解除他"数载之虑"。

此时，靳辅已体衰多病。在推辞不

准的情况下，他再次走马上任。

当年七月二十六日以后，靳辅发烧不止。他再次请求退休，才被批准。十一月，靳辅逝世于任所，终年六十岁。靳辅死后，清廷追赠他为工部尚书。

康熙三十五年（公元1696年），清廷批准江南人民的请求，在黄河岸边为靳辅建祠，以江南其治河之功。

康熙四十六年（公元11707年），康熙帝在南巡之后一次对吏部官员的谈话中，对靳辅治河业绩作了全面的评价。他说：

“康熙十四五年间，黄、淮交敝，海口渐淤，河事几于大坏，朕乃特命靳辅为河道总督。靳辅自受事以后，斟酌时宜，相度形势，兴建堤坝，广疏引河，排众议而不挠，竭精勤以自效，于是黄、淮故道次第修复，而漕运大通，其一切经理之法具在，虽嗣后河臣互有损益，而规模措置不能易也。至于创开中河，以避黄河一百八十里波涛之险，因而漕挽安流，商民利济，其有功于运道民生，至远且大。朕每莅河干，遍加咨访，沿淮一路军民感颂靳辅治绩者众口如一，久而不衰。”

这是清代最有作为的皇帝，对治河作出巨大贡献的靳辅的最高赞誉。

运河旅游　方兴未艾

京杭运河以其深厚的历史文化内涵，被誉为“古代文化长廊”、“古代科技库”、“名胜博物馆”、“民俗陈列室”，它是中国独一无二的财富。运河沿线的很多城市，正在以各种方式保护、开发这一财富，开发运河旅游资源，便是其中举措之一。

扬州　游轮北上走运河

2014年4月28日，由瘦西湖水上游览公司推出的京杭运河“扬州—邵伯—高邮”水上游览线正式开启。在广陵区便益门广场游轮码头，长33.8米、宽8.5米，可容纳150名游客的全国第一艘运河豪华游船“运河名城壹号”，缓缓驶离扬州，一路向北，首航古运河水上之旅。

「在扬州城区运河上航行的游船」

这条水上游线路南到长江瓜洲口，北至高邮湖、宝应湖。沿岸有瓜洲古渡，全国四大名刹之一的高旻寺，盛唐海上丝绸之路渡口扬子津，鉴真东渡码头宝塔湾，伊斯兰宗教名胜普哈丁墓，以及新老运河的分水岭茱萸湾，邵伯古镇，以及高邮盂城古驿、镇国寺、文游台、莲藕之乡宝应等，全程长达45千米。游客可观赏古运河两岸千年名镇的风采；体验城湖、河湖一体的生态自然；亲历游轮通过邵伯船闸，感受运河悠久的历史文化和时代变迁。

“到北京看长城，到扬州看大运河”，成为扬州的一个旅游宣传口号。

运河是扬州的“根”，也是扬州之魂。运河穿城而过，沿线遗产似明珠，两岸风光数不尽。吴王夫差在这里开凿邗沟，隋炀帝看琼花、康熙皇帝、乾隆皇帝下江南，首选扬州。运河承载了扬州的历史和历代扬州人的记忆。

「高邮盂城古驿」

天下三分明月夜，二分无赖是扬州——这是唐代徐凝

《忆扬州》中的佳句。垂杨不断接残芜，雁齿红桥俨画图。也是销金一锅子，故应唤作瘦西湖——这是清代汪沆描写《瘦西湖》的诗歌。古往今来，扬州及瘦西湖不知吸引了多少文人墨客和中外游客。

今天的扬州地区，春秋时称“邗”。邗国为周代的方国之一，后被吴国所灭。城西瘦西湖，原名炮山河，亦称保障河，虽然现在只是扬州城内的一个湖泊，但古代却是引长江之水通淮河的一条水道——蜀冈下的瘦西湖就是邗沟最早的开凿地。因其经过的扬州古称邗城，故称邗沟，扬州由此成为运河的根。

瘦西湖在扬州市西北部，因湖面瘦长，称瘦西湖。湖区利用桥、岛、堤、岸的划分，使狭长湖面形成层次分明、曲折多变的山水园林景观。清朝时，康熙、乾隆二帝曾数次南巡扬州，当地的豪绅争相建园，以讨皇帝欢心。清代中叶，为打通瘦西湖至大明寺的水上通道，扬州豪绅在瘦西湖的西北开挖了莲花埂新河，挖河的土堆成了一座小山，这就是今天瘦西湖中的小金山。小金山四周环水，水随山转，山因水活。山顶有“风亭”一座，是全园最高点。建于瘦西湖上造型典雅秀丽的五亭桥，也是扬州两淮盐运使为迎接乾隆南巡，特雇请能工巧匠设计建造的。

「扬州瘦西湖」

“青山隐隐水迢迢，秋尽江南草未凋；二十四桥明月夜，玉人何处教吹箫。”杜牧这首《寄扬州韩绰判官》诗，也被镌刻于瘦西湖景区。

自然景色和人文渲染，使得瘦西湖遂得“园林之盛，甲于天下”之美誉。

公元前486年，吴王夫差开凿邗沟，南引长江水，从今扬州西南角的观音山旁，绕至铁佛寺稍南的城东南角，经螺丝湾、黄金坝北上，至山阳(今淮安楚州)以北的末口，汇入淮河。

「邵伯镇广场上的谢安塑像」

为了充分利用自然湖泊以减少人工，从蜀冈下绕城而过的邗沟，线路曲折迂回，全长约400余里。

运河过扬州30里，就是邵伯古镇，得名于东晋谢安。邵伯广场上，立有一尊器宇轩昂的谢安塑像。谢安是当年淝水之战中以少胜多的著名政治家、军事家。也是刘禹锡笔下“旧时王谢堂前燕，飞入寻常百姓家”中居住在金陵南门朱雀桥乌衣巷的世家巨族。由于谢安在这里筑埭治水，有效抵御了洪水的浸淫，百姓安居乐业，将谢安比作西周的召公。古代“召”和“邵”同音，邵伯之名由此而来。

邵伯地处苏北里下河水网地区，是一个“东西南北四湖通”的水乡。境内河湖相连，有盐邵河、高水河、邵伯湖等多条河道和湖泊，京杭运河从邵伯湖中穿过。乾隆皇帝有一首诗：“太傅堤存绿水浔，惠方邵伯颂棠阴。兰舟缓过思遗躅，绝胜东山丝竹音。”诗中的太傅堤指的就是邵伯埭。

水为城用，城因水兴。让邵伯走向繁华的，是镇西流淌了千百年的京杭运河。沿河有一个全部用大青石筑成的码头，为清康熙五十三年（公元1714年）所建。三十几级的青石台阶又宽又长，直伸河底，便于上装下卸。拾级而上，过运河石堤，是一个通向古街的古巷。巷口圆门上，有康熙御笔亲题的“大马头”三字。大码头之外，邵伯还有潘家渡码头、蔡家巷码头、庙巷口码头、小坝巷码头、官驿前码头等。运河两岸和里下河都有码头，当地人称运河的为上河码头，里下河的称下河码头。上河码头的船只往返于扬州和邵伯之间，下河码头的船只往返于乔墅、丁沟、永安等地。据《江都县志》记

「邵伯镇老运河青石大码头」

载，到清末时期，仅邵伯镇就设有十余条航线。光绪二十四年，镇江至清江浦（今淮安）开辟客轮航线，途径邵伯载客，邵伯开始有轮船码头。民国年间，邵伯有十余家轮船公司，29艘轮船，有多班轮船停靠。

比较有趣的是，邵伯还有一个接待往来官船的专用码头，即官驿前码头，上岸便是邵伯古驿站。

邵伯镇子虽然不大，却是南来北往的交通要道，商旅如织。古代京杭运河沿线均设有驿站。在苏北，较大的运河驿站，北有高邮县的“盂城驿”，南有扬州的“广陵驿”，两个驿站之间，就是“邵伯驿”。据史书记载，在邵伯驿，仅官驿前码头就配有船十六只，马十四匹，铺陈七十副，由一百余船夫和十四名马夫服侍。如今，驿站已消逝在历史的烟尘，可衍生了官驿前（又叫官码头）这个流传至今的地名。由于古代邵伯设有巡检司，因而又衍生了与官府衙署有关的街名、巷名。如司前街，司后街，小驿丞巷等。

和业已消逝的“大马头”和“邵伯驿”不同，与古老运河平行而建的一条石板古街，却实实在在地踩在今人脚下。这条三里长街南北走向，由南大街、中大街和北大街组成，建于清康熙年间。它宽不足2.5米，由整块的青条石铺就。店铺、住宅沿街一顺排列，井然有序。晴不扬尘，雨不积水，光洁如洗。由于经历久远，虽然一些老房子已被改造，但仍可看到明清风格的老铺子、老宅子。街头的一块小石碑上，写有：“甘棠条石街，南北三里长。东西七尺宽，青石九千块。……雨后不渍水，起风无灰排。……会馆商铺旺，焖鱼满巷卖。”

「邵伯镇条石老街」

邵伯还建有其他小镇所没有的三座现代化程度很高的运河船闸，它们依次并排建在运河邵伯湖航道上，可一次通过12艘千吨级大型船舶。船闸全年24小时昼夜运行，10多个省市的船舶从这里通过。

每年通过船舶10多万艘次，年通过能力达到1.5亿吨。经过多年锲而不舍的建设和精心管理，邵伯船闸已成为一座完全绿化、美化的花园式船闸。船闸是向公众开放的。即国内外游客和邵伯镇的百姓，可随意进出闸区。既可全过程俯瞰船舶进出闸室，南下北上，也可在闸区高高的立交桥上，观赏邵伯湖的湖光帆影和日落月出。

「邵伯船闸和老街已形成融为一体的旅游景观」

承载“扬州—邵伯—高邮”水上游览线路的“运河名城壹号”游船，通过邵伯船闸，就可到达高邮古镇，游客便可游览盂城古驿、镇国寺、文游台等名胜古迹了。

杭州　运河古韵水上观

2004年10月28日，杭州开通了大运河上第一条水上巴士旅游线。白天和夜晚，人们可在艮山门埠、施家桥埠、武林门埠、卖鱼桥埠（亦称信义坊码头）、北新关埠和拱宸桥埠这六个运河上的古老水埠下船上岸，乘船亲近运河，观赏两岸的景观和不同风格的建筑。乘坐游船从南到北，游客像穿越时空隧道一样，依次穿过城东桥、艮山桥、建北桥、映月桥、中北桥、西湖文化广场桥、青园桥、朝晖桥、潮王桥、德胜桥、华光桥、江涨桥、大关桥、登云大桥和古老的拱宸桥。这15座

「杭州大运河武林门旅游码头」

「杭州运河畔兴建的游人脚下的京杭运河」

横跨运河两岸的桥梁，原有的古色古香，改建的质朴典雅，新建的灵动气派。每一座桥都承载着一段历史，诉说着一个故事，体现着一种文化。

从20世纪80年代起，杭州开始了第一轮城市改造。在穿越杭州市区的运河边，伴随着一栋栋现代化高楼大厦的拔地而起，一些打上运河历史记忆的建筑也慢慢消失。幸亏当时拱墅区因改造资金不足，为今天的运河杭州段保留了最后的500米古建和一座拱宸古桥。在杭州老城区，像这样反映运河历史风貌的街区，仅此一处。

在杭州拱墅区的霞湾巷，还残存着一个建于光绪六年（公元1880年）的运河粮仓，名富义仓，取"以仁致富，和则义达"之意。富义仓旁边还有一座古老的门楼，门楼下就是青石叠砌的运河码头。当年这一带是运河南端的货物集散地，仓库特别多。杭州所用的米粮皆从运河漕运而来，储于富义、永济、盐义等粮仓。富义仓与北京的南新仓并称为"天下粮仓"，是电视剧《天下粮仓》中的原型。

富义仓的对岸，有一个御码头，据说当年康熙和乾隆皇帝曾经在那里泊船上岸。

光绪年间出版的《湖墅小志》记载，康、乾两帝曾经12次南巡，11次到杭州，时间跨度长达一百年。乾隆南巡从1751年开始，至1784年结束，前后历时33年。六次南巡所走的路线，都是沿运河南下，抵达杭州。其中前四次带了皇太后、皇后、嫔妃，随同的还有王公大臣。皇帝每次下江南，城内运河上百舟排列，旌旗猎猎；岸上百官迎候，熙熙攘攘。场面之盛大，人员之众多，气势之威风，接待之豪华，被今

「京杭运河杭州粮仓——富义仓」

人以“南巡盛典”为题，铭刻于石。

2006年，杭州整治保护运河，在今德胜路运河桥北边的运河东岸重建了“御码头”。由运河码头、南薰轩和碑亭3个部分组成的御码头景区，重点还原了古代运河码头的历史概貌，用石刻表现了“南巡盛典”中皇帝从塘栖乘船到杭州的盛况，记录了康、乾两帝南巡的历史，体现了大运河的巨大作用以及清朝对运河的重视和依赖。

杭州拱墅区境内的江涨桥，相传为远古江海潮涨至此而得名。富义仓就在桥的东南侧。从南宋始，江涨桥一带为辐辏之地，商贾云集之所，集市热闹非凡，有“江涨东市”、“江涨西市”之称。运河来的货船在这里停泊登岸，买卖装卸。由于交易活跃，朝廷在桥西设了江涨税务司。在《湖墅小志》里，以江涨桥为背景的“江桥暮雨”，为“湖墅八景”之一，描述了这里暮雨萧萧，入夜舟火渔灯，点点如繁星的景象。

如果说杭州延伸运河、兴建船闸、提高运河等级是改善宏观经济环境的话，那么综合治理、保护开发城区运河则是为了改变城市面貌，提升城市品质，改善市民生活环境。前者是发展经济，后者是惠及民生。

“十五”和“十一五”时期，杭州对由北向东贯穿余杭、拱墅、下城、江干四区的30多千米的运河进行综合整治与保护开发，并将其列为“十大工程”之一。按照截污、驳坎、清淤、绿化、配水、保护、造景、管理十六字方针，通过两个五年的规划和建设，运河杭州主城区综合整治景观工程由点到面，由面到线，由水到岸，基本完成了路网工程、绿化景观工程、文化旅游工程、灯光夜景工程和安居工程，打造出了“一馆两场三园两带六埠十五桥”运河景观。

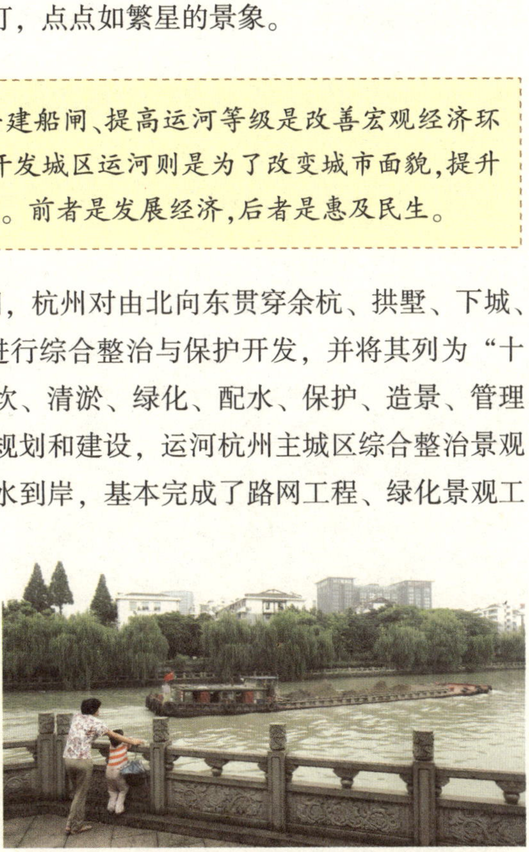
「杭州城区运河两岸基本绿化和美化」

拱宸桥东的运河博物馆，浓缩了运河的“前世今生”，成为寻找运河之“根”；集文化、娱乐、演出、展览、健

「运河岸边的御码亭、御码头」

身于一体的现代化文化中心西湖文化广场；与运河博物馆融为一体的运河文化广场；成为运河两岸绿色长廊节点的艮山公园、大关公园和北星公园。包括富义仓、御码头、忠亭在内的，能够重拾记忆，触摸运河历史的两岸人文景观带：

——在运河与东河的交叉处，屹立一个高16米，占地约600平方米，名为“漕运翻坝”的雕塑。雕塑制作用了500吨花岗岩，是杭州段运河最大的一组纪念性主题雕塑。雕塑根据19世纪美国传教士拍摄的一幅照片而创作，表现的是用人力、畜力，采取拉、拖、拽等形式，将货船抬起翻过运河水坝的场景。塑有13个民夫、一个牛队和一艘正在过坝的货船，人、畜齐心协力，场面宏大。历史上，货船过坝是运河漕运最震撼人心的场面。根据史书记载，清代运河上较大的货船长12米，宽2米，吃水超过60厘米，满载后重量达12吨。对于人力和畜力来说，把如此货船拉过水坝绝不是一件轻松的事情。

「古代京杭运河上的过船坝」

——在运河上塘河口的西侧，塑有运河怀古群雕。群雕像书卷般展开了先秦至三国、隋、唐、元、明、清等时期大运河及沿线城市地图。清代杭嘉湖平原运河图以地雕形式摊开，别具匠心。这些地图，都是文史专家、测绘专家根据早期地图严格按比例制作的。

——绍兴路运河桥旁的宋梅茗香广场上，矗立着“艮山风情”十大浮雕，每块浮雕图文并茂的描述了历史上“艮山十景”，让今人看到古运河畔的百姓人生。

——下城区的运河两岸，绿地全线贯通。全长4800米、面积达10万平方米的绿化带连绵成片，两岸形成相互辉映的通透式景观。通过局部调整绿化苗木的品种，实施桥梁、亮灯、栏杆工程，设置健身路径和各类园林小品，装点各种亭台楼榭，两岸成为两个大公园。景观带的建设美化了这里的环境。当初沿河一些百姓以每平方米 3000 多元买下的商品房，攀升到了每平方米 1.2 万元。

——运河两岸的步道全由石板铺成，这些石板都是从运河两岸的村落收购来的。踩在斑驳不平的石板上，更能感受古运河的气息，凭添一份思古幽情。

对杭州城区运河的综合治理效果，经济学家的评价是，实现了产业结构的调整，提升了运河两岸经济价值；交通专家的评价是，两岸的交通资源得到整合，完善了道路交通系统；环保专家的评价是，运河水质得到改善，水环境的优化提升了环境资源的价值；旅游专家的评价是，沿线景观亮点的打造，开发了旅游休闲资源，增强了城市旅游竞争力；文史专家的评价是，保护和挖掘了历史遗存，延续了历史文脉；社会学家的评价是，“一馆两场三园两带六埠十五桥”的呈现，不是对运河杭州段历史的复制，而是对历史信息的选择性读取。

运河不能没有记忆，运河更属于现在和未来。

图书在版编目（CIP）数据

京杭运河 / 周家华编著．—武汉：长江出版社，2019.6（2023.1 重印）
（长江文明之旅丛书．山高水长篇）
ISBN 978-7-5492-6524-4

Ⅰ．①京…　Ⅱ．①周…　Ⅲ．①长江流域—大运河—介绍　Ⅳ．①K928.42

中国版本图书馆 CIP 数据核字（2019）第 105244 号

项目统筹：张　树
责任编辑：李卫星　　苏密娅
封面设计：刘斯佳

京杭运河
刘玉堂　王玉德　总主编　周家华　编著
出版发行：上海科学技术文献出版社
地　　址：上海市长乐路 746 号　200040
出版发行：长江出版社
地　　址：武汉市解放大道 1863 号　430010
经　　销：各地新华书店
印　　刷：中印南方印刷有限公司
规　　格：710mm×1000mm　1/16
印　　张：10
字　　数：136 千字
版　　次：2019 年 6 月第 1 版　2023 年 1 月第 2 次印刷
书　　号：ISBN 978-7-5492-6524-4
定　　价：39.80 元